Mehr Geld durch erfolgreiche Gehaltsverhandlungen

Hesse / Schrader

Mehr Geld durch erfolgreiche Gehaltsverhandlungen

Eichborn.

Die Autoren:
Jürgen Hesse, Jg. 1951, Diplom-Psychologe im Büro für Berufsstrategie, Geschäftsführer der Telefonseelsorge Berlin e.V.
Hans Christian Schrader, Jg. 1952, Diplom-Psychologe im Krankenhaus am Urban (Abt. Psychotherapie/Psychosomatik) in Berlin.

Div. gemeinsame Veröffentlichungen, u.a.: *Die perfekte Bewerbungsmappe; Optimale Bewerbungsunterlagen; Arbeitszeugnisse; Die überzeugende schriftliche Bewerbung; Das erfolgreiche Vorstellungsgespräch; Erfolgsstrategien für Bewerber über 48; Telefonieren – der direkte Weg zum neuen Job; Erfolgreiche Bewerbung und Stellensuche im Internet; Krieg im Büro; Die Neurosen der Chefs; VERDIENEN SIE SOVIEL, WIE SIE VERDIENEN?; Testtraining 2000* (alle im Eichborn Verlag).

Wir danken Meike Müller, Kommunikationsexpertin, für ihre Unterstützung.

Die Deutsche Bibliothek – CIP-Einheitsaufnahme

Hesse, Jürgen:
Mehr Geld durch erfolgreiche Gehaltsverhandlungen / Jürgen Hesse ;
Hans Christian Schrader. – Frankfurt am Main : Eichborn, 1999
ISBN 3-8218-1576-0

Umschlaggestaltung: Moni Port unter Verwendung
einer Fotografie von Son Corro
© Bavaria Bildagentur
Lektorat: Sabine Rock
Gesamtproduktion: Fuldaer Verlagsanstalt GmbH, Fulda
ISBN 3-8218-1576-0

Verlagsverzeichnis schickt gern:
Eichborn Verlag, Kaiserstraße 66, D-60329 Frankfurt am Main
http://www.eichborn.de

Inhalt

Fast Reader 7
Vorwort 8
Einführende Betrachtung oder: Geld als Ersatzreligion 11

I **Vorbereitung** 19
Stärken Sie Ihr Selbstvertrauen 19
1. Was verdiene ich zur Zeit? 21
2. Was will ich verdienen? 24
3. Wann ist ein guter Zeitpunkt für die Verhandlung? 26
4. Mit wem spreche ich? 28
5. Was habe ich zu bieten? 30
Kommunikationsziel – Botschaft – Argumentation 32

II **Taktiken und Strategien für die erfolgreiche Gehaltsverhandlung** 41
Worauf es ankommt 42
1. Den richtigen Gesprächseinstieg finden 42
2. Überzeugend argumentieren 44
3. Die Todsünden in der Gehaltsverhandlung vermeiden 46
4. Den Umgang mit Einwänden und Kritik lernen 49
Die Kunst des überzeugenden Argumentierens: ein kleiner Rhetorikkurs 50
Die »beliebtesten« Bedenken und Widerstände der Chefs in der Gehaltsverhandlung 54
5. Die eigene Körpersprache kennen und bewußt einsetzen . 59
Vorsicht Falle beim übertariflichen Gehalt 65
Um was noch verhandelt wird – Es muß nicht immer Bares sein 66

III Gehaltsverhandlung im Vorstellungsgespräch 71
1. Vorüberlegung 71
2. Gelungener Einstieg 72
3. »Was haben Sie bisher verdient?« 74
Geschicktes Taktieren 76
4. »Wieviel soll es denn sein?« 78

IV Nach der Uni an den Arbeitsplatz – Tips für Berufseinsteiger 85

V Nach der Verhandlung 89
Die Nachbereitung 89

VI Exkurs: Gedanken zur Gerechtigkeit bei den Gehältern 95
Peanuts und ziemlich große Nüsse – eine bunte Betrachtung, wer was verdient 95
Gerecht oder ungerecht? Der Teufel steckt im Detail 106
Subjektive Gerechtigkeit 107
»Objektive« Gerechtigkeit 108
Wie wird ungleiche Bezahlung gerechtfertigt? 113
1. Wer viel leistet, verdient viel 114
2. Wer ein hohes Maß an Verantwortung trägt, bekommt ein hohes Gehalt 114
3. Wer besser qualifiziert ist, wird besser bezahlt 115
4. Angebot und Nachfrage bestimmen den Preis 116
Das einkommensschwache Geschlecht 118
Ein Männerbündnis für Männerarbeit 120

Schlußwort: Neue Transparenz und Bezahlung nach Leistung . . . 122
Was Sie noch wissen sollten 126
Anmerkungen 127

Fast Reader

Sie möchten mehr Geld bzw. Lohn, wissen aber nicht, wie Sie Ihren Vorgesetzten* davon überzeugen können? Vielleicht fällt es Ihnen auch – wie sehr vielen Menschen – eher schwer, ein solches Gespräch mit Ihrem Chef zu führen. Dann hilft Ihnen dieser Ratgeber mit den wichtigsten Tips zur Gehaltsverhandlung. Es werden u.a. folgende Fragestellungen detailliert diskutiert:

- wann der beste Zeitpunkt ist (S. 26),
- mit wem Sie verhandeln sollten (S. 28),
- welche Strategien am erfolgversprechendsten sind (S. 42),
- worauf Sie in der Verhandlung besser verzichten (S. 46),
- wie Sie überzeugend mit Widerständen und Kritik umgehen (S. 50),
- was außer Geld noch verhandelt werden kann (S. 66).

Außerdem gehen wir in diesem Ratgeber verschiedenen Aspekten rund um das Thema Geld nach – z.B. »Geld und Gerechtigkeit« (S. 106), »Geld als Ersatzreligion« (S. 11) – und bieten einen Einblick in die Einkommensverhältnisse der Deutschen – von der Tante-Emma-Ladeninhaberin bis zum Bertelsmann-Vorstandsvorsitzenden, Thomas Middelhoff (S. 101).

---

* Wenn wir im folgenden überwiegend die männliche Form (Mitarbeiter, Kollege, Vorgesetzter etc.) verwenden, soll das keine Diskriminierung der Leserinnen darstellen, sondern geschieht allein deshalb, um den Sprachfluß nicht zu stören.

Vorwort

Die Phönizier haben das Geld erfunden
– aber warum so wenig?
Johann Nepomuk Nestroy

Jeder Vierte müßte eigentlich mehr verdienen, als er tatsächlich am Monatsende in der Lohntüte hat. Das meint Michael Waadt, Verdienstexperte des Münchner Geva-Instituts.[1] Warum geben sich Angestellte und Arbeiter mit weniger zufrieden? Dafür gibt es ganz unterschiedliche Gründe:

1. Viele meinen, daß ihnen das Feilschen nicht liegt und es ihnen peinlich ist, sich selbst zu loben. Schließlich haben wir schon als Kind gelernt: Eigenlob stinkt ...
2. So mancher hat Angst davor, den Unwillen des Chefs auf sich zu ziehen und er befürchtet, womöglich auch bald einer von mittlerweile über vier Millionen Arbeitslosen zu sein. In staatlichen und privaten Unternehmen wird man nicht müde zu betonen, daß nur der eiserne Wille zum Sparen weitere Entlassungen verhindern könnte. Mehr an Gehalt sei einfach nicht drin. Für die Arbeitgeber ist es längst ausgemachte Sache, daß Löhne und Gehälter in der Bundesrepublik zu hoch sind – mit Ausnahme ihrer eigenen. Im internationalen Vergleich werde für die bei uns gezahlten überhöhten Löhne und Gehälter zu wenig geleistet und so der Wohlstand der Republik langsam aber sicher verspielt. Andererseits vergessen gerade Top-Führungskräfte natürlich nicht, zu betonen, daß ihre Gehälter wiederum im internationalen Vergleich wirklich nur »Peanuts« sind (s.S. 100 ff.).
3. Die meisten Lohn- und Gehaltsempfänger wissen gar nicht, daß so mancher Kollege mit gleichen oder ähnlichen Aufgaben einiges mehr verdient. Denn: Über Geld redet man nicht. Der eigene Verdienst ist das Tabuthema Nummer 1 in der Bundesrepublik. Während den Deutschen scheinbar keine persönliche Angelegenheit zu

intim ist, als daß man sie nicht ausführlich in Talkshows ausbreiten könnte – von ausgefallenen Sexpraktiken bis zu privatesten Partnerschaftsproblemen – hört beim Einkommen aber der (Rede-) Spaß auf.

4. Über Geld spricht man nicht, man hat es – weiß der Volksmund. Lediglich jene Menschen, die glauben, daß Lebensleistung und Geld in keinem Zusammenhang stehen, sind etwas offener – z.B. Studenten, deren finanzielle Knappheit meist zeitlich begrenzt ist. Ansonsten herrscht in Sachen Geld eisiges Schweigen. Der Psychotherapeut Wolfgang Krüger: »Deshalb mache ich immer wieder die Erfahrung, daß meine Analysanden die größten Schwierigkeiten haben, in einer Therapiegruppe über ihre Finanzen zu sprechen. Eher reden sie nach einigem Zögern darüber, ob es ›im Bett‹ klappt. Sie ›beichten‹, daß sie wegen eines vorzeitigen Samenergusses in die Therapie kommen, daß in ihrer Ehe nichts mehr läuft, oder sie berichten mit leuchtenden Augen, daß sie während ihrer letzten Kur fremdgegangen seien.«[2]

Die große Zurückhaltung beim Thema Geld ist verständlich. Denn wer über sein Einkommen redet, macht sich damit nicht unbedingt Freunde. Hat man zu wenig Geld, könnte man leicht als Versager dastehen. Wer wiederum mehr als andere verdient, dem wird nicht selten der Reichtum geneidet – und er findet sich gleichsam wie der »arme Schlucker« in einer Außenseiterposition wieder. Die Konsequenz für viele lautet deshalb: am besten den Mund halten.

Von diesem Schweigen profitieren die Unternehmer. Wer nicht weiß, daß andere in vergleichbaren Positionen mehr verdienen, fordert seltener eine Erhöhung seines Gehalts.

Wenn Sie mit dem Gedanken spielen, um Ihr Gehalt zu verhandeln, ist es zunächst wichtig, den eigenen Marktwert zu kennen. Mit eingehender Recherche wird Ihnen das gelingen (s.S. 25). Der Erfolg einer Gehaltsverhandlung hängt natürlich von einer guten Taktik und Strategie ab (s.S. 41 ff.), aber auch von der Bereitschaft zur Flexibilität, indem man zum Beispiel über Gehaltserhöhungen anderer Art nachdenkt, die sich oft eher lohnen als eine reine Verdienstaufstockung. Die Palette reicht vom Dienstwagen bis zu bezahlten Nachhilfestunden für die Kinder (s.S. 66). Hier folgt schon unser erster Tip: Gehen Sie nie in die Verhandlung ohne Wahlmöglichkeiten im Kopf zu haben. Wenn der Chef eine Gehaltserhöhung ablehnt, sollten Sie wissen, was Sie statt dessen fordern könnten. Wie Sie erfolgreich argumentieren und so zu dem Verdienst kommen, den Sie verdienen, werden wir Ihnen im folgenden zeigen.

Bevor wir jedoch mit den wichtigsten Tips und Ratschlägen für die erfolgreiche Gehaltsverhandlung beginnen, wollen wir zunächst das manchmal doch sehr innige, zumindest merkwürdige Verhältnis des Menschen zum Geld eingehend betrachten.

Geld wird oft zu einer Art Ersatzreligion, dabei wissen wir eigentlich doch alle: »Geld macht nicht glücklich.« (Jaja, Sie haben ja recht, irgendwie beruhigt es schon die Nerven.) Also, verstehen Sie das folgende Kapitel nicht falsch – mehr Lohn bzw. Gehalt zu fordern ist Ihr gutes Recht. Nur sollte man den Wert auch nicht überschätzen.

Wenn Sie allerdings dringend handfeste Tips benötigen, weil die Gehaltsverhandlung nicht länger auf sich warten lassen kann, dann überspringen Sie einfach diesen Abschnitt, begeben sich direkt auf Los, lassen die Schloßstraße (und die Badstraße erst recht) links liegen und starten direkt mit dem Kapitel Vorbereitung (s.S. 19). Wer weiß, vielleicht ziehen Sie ja 4000 Mark – oder etwas mehr ein ...

Einführende Betrachtung oder: Geld als Ersatzreligion

Geld ist Königin der Welt,
schafft alles dir:
ein reiches Weib, Kredit,
Freunde und Schönheit.
Horaz

Geht es ums Geld, entwickeln die meisten Deutschen geradezu schizophren anmutende Züge. Einerseits sind sie Weltmeister im Sparen, häufen kleine und bisweilen auch recht stattliche Vermögen an, gehen aber trotzdem weiter brav arbeiten. Und das nur, damit ihr Bankkonto noch mehr wächst. Andererseits: Kaum haben sie den Arbeitsplatz verlassen, die Bürotür hinter sich zugemacht, verfallen sie in nahezu trostlose Ratlosigkeit – was mit dem Geld bloß Sinnvolles anfangen? Der sorgsam zusammengesparte Mammon entpuppt sich als zentnerschwere Last.

Bereits das Alte Testament ist voller Warnungen vor den mit dem Geld verbundenen Gefahren und Versuchungen. Im Neuen Testament fordert die Bergpredigt eine ultimative Entscheidung von ihren Lesern: »Niemand kann zwei Herren dienen; entweder, er wird den einen hassen und den anderen lieben oder er wird dem einen anhängen und den anderen verachten. Ihr könnt nicht Gott dienen und dem Mammon.« (Mt. 6,24) Der böse Götze Mammon steht oft im Zentrum religiöser Kritik, und so wurden die Wechsler von Jesus aus dem Tempel getrieben. Heiliger Zorn oder bereits politischer Protest?

So anachronistisch die Bibelhinweise vielleicht anmuten mögen, die hier sichtbar werdende distanzierte Einstellung zum Geld findet sich auch heute noch – scheinbar losgelöst von allen religiösen Wurzeln – in der Welt der Kultur und des Geistes wieder.

»Geist oder Geld« lautet der Gegensatz, der die traditionell kritische bis feindselige Haltung von Künstlern und Intellektuellen dem Mammon gegenüber charakterisiert.

Arm wie eine Kirchenmaus – so das Klischee vom genialen, aber von seiner Zeit verkannten Künstler und Denker, der, das Geld verachtend, über seine Verhältnisse lebt, immer allzu früh stirbt und einen Batzen Schulden hinterläßt.

Sind die wirtschaftlichen Verhältnisse eher üppig, wird nach außen gern der gegenteilige Eindruck suggeriert. Der Dichter Heinrich Heine inszenierte z.B. in Paris auf seiner »Matratzengruft« das Bild des armen Poeten, obwohl er in Wirklichkeit wohlhabend war.

Wer im modernen Alltag als Diener der schönen Künste und des Geistes gelten will, legt Wert darauf, der Umwelt seine Verachtung des Mammons deutlich vorzuführen. Nicht selten wird dabei um so lauter getönt, je höher das wirkliche Einkommen den gegenteiligen Verdacht aufkommen lassen könnte.

Ein Gegenbeispiel scheint der bayerische Kaufmann Erich Sixt, Deutschland Top-Autovermieter mit Jahresumsätzen in Milliardenhöhe zu bieten. Bekannter Werbespruch: »Die beste Werbung für unsere Autos sind die Preise der Konkurrenz.«

Sixt, Großaktionär, Vorstandsvorsitzender und Hobbyphilosoph, wurde von der *Wirtschaftswoche*[3] als »härtester Unternehmer« porträtiert und zum Thema Geld befragt. Er habe »nichts übrig für gute Taten, würde nie, wie sein bayerischer Unternehmerkollege und Süßwarenfabrikant Theo Schöller, Millionen von Mark für Kliniken oder Drogenabhängige stiften. ›I spend nix‹, murrt er, ›so was brauch i net.‹ Basta ... ›Bei mir steht der Profit im Mittelpunkt‹, insistiert der Aufsteiger hart und gefühllos ...

Wenn der Herr über Menschen und Mobilien allerdings erklären soll, was ihn im Leben leite, dann nennt er weder viel Geld (›Das reizt mich nicht.‹) noch Gott (›Ich bin ein Heide‹), dann wird er plötzlich zum Philosophen. Dazu kommt der Rebell unversehens mit Vorbildern heraus, die er bewundert: ›Sokrates, der gewußt hat, daß er nichts weiß‹...«[4]

Geld oder Liebe – beim Streben nach Profit geht es eigentlich primär um Machtbesitz und Machtausübung.

Die Psychoanalyse lehrt uns, daß das während der analen Phase der

Libidoentwicklung dominierende Interesse des Kindes an der Defäkation, an seinen ersten Produkten, im Verlauf des Erwachsenwerdens durch das Interesse am Geld abgelöst wird. »Wir haben uns gewöhnt«, schreibt Sigmund Freud, »das Interesse am Geld, soweit es libidinöser und nicht rationeller Natur ist, auf Exkrementallust zurückzuführen und vom normalen Menschen zu verlangen, daß er sein Verhältnis zum Gelde durchaus von libidinösen Einflüssen frei halte und es nach realen Rücksichten regle.«[5]

Diesem bei Nichtfreudianern immer noch Widerstände auslösende Befund kann nur mit dem Hinweis auf das Märchen vom »Dukatenscheißer« begegnet werden. Auch die scheinbar beruhigende Erkenntnis »Pecunia non olet« (Geld stinkt nicht) untermauert im Gewand der Verneinung die psychoanalytische Kurzformel Geld = Kot.

Folgerichtig: Über Geld spricht man nicht. Kein Wunder also, daß »bessere, edlere« Menschen, Intellektuelle, Künstler, aber auch die Religionsvertreter, den direkten Umgang mit Geld ablehnen, sich eben nicht »die Hände schmutzig machen wollen«.

Geld, interpretiert als Gegenpol zu allem Edlen und Vornehmen, als Gegenstand und Ziel niedriger Triebe, scheint dennoch zum Maßstab für alles zu werden. »Jedes Ding und am Ende auch der Mensch erhält seinen in Geld ausgedrückten Wert. Kurzum: Geld macht gemein. Im doppelten Sinne dieses Wortes hebt der gemeinsame, alleinige Maßstab aller Dinge die Unterschiede nach Klassen und Berufen auf, der Wert eines Menschen bestimmt sich ausschließlich nach der Position in der Rangliste des jährlichen Einkommens.«[6]

Vor der vereinnahmenden Kraft des Geldes ist nichts sicher. Weder die Beziehung zu Gott – im Tanz um das goldene Kalb als Symbol des Götzendienstes – noch andere höhere Werte. »Die bürgerliche Gesellschaft ersetzt die Omnipräsenz Gottes durch die Omnipotenz des Geldes«, schreibt Niklas Luhmann. Haste was, biste was, weiß der Volksmund. Ich kaufe, also bin ich – so das zeitgenössische Credo einer geldorientierten Gesellschaft.

Und so wird Geld zur Ersatzreligion, zum Ersatz für Liebe, als »technisches Gegenstück zur Liebe« zu einer Art Prothese. Die Liebe ist das »gegenläufige Prinzip zum Geld« (Luhmann).[7]

Daß Geld an allen Übeln dieser Welt schuld ist, behauptet der Nestor der katholischen Soziallehre Oswald von Nell-Breuning und bringt es etwas schwer verdaulich auf den Punkt:

> »Ist Geld das Tauschmittel, mit dem man sich alles, wonach man verlangt, verschaffen kann und überdies als Recheneinheit der Maßstab und Ausdruck des wirtschaftlichen Erfolges oder Mißerfolges, so besteht die Gefahr, daß es als Repräsentant, zugleich Symbol aller irdischen Güter, mit deren vereinter Anziehungskraft das menschliche Begehrungsvermögen lockt. Seiner Abstraktheit entsprechend stellt sich die menschliche Habsucht und Raffgier gerade ihm gegenüber völlig nackt und kraß heraus. So machen wirtschaftspolitische wie moralpsychologische Erfahrungen begreiflich, daß das Geld geradezu als der Inbegriff des Bösen in der Welt verflucht werden konnte.«[8]

Der hämisch-zynische Geizhals, der auf seinen Geldsäcken hockt, ist ein beliebtes Motiv in Märchen wie in Comics und unterstreicht die allgegenwärtige Übelfunktion des Geldes in dieser schlechten Welt.

Folgerichtig scheint somit die Idee, daß mit der Abschaffung des Übels Geld die wahre Heilung und Rettung der Welt einhergehen würde. So skizziert Thomas Morus in seinem Entwurf einer besseren Gesellschaft (1516):

> »Welche Last von Verdrießlichkeit ist in diesem Staate abgeschüttelt, welche gewaltige Saat von Verbrechen mit der Wurzel ausgerottet, seit dort mit dem Gebrauch des Geldes zugleich die Geldgier gänzlich beseitigt ist! Denn wer sieht nicht, daß Betrug, Diebstahl, Raub, Streit, Aufruhr, Zank, Aufstand, Mord, Verrat und Giftmischerei, jetzt durch tägliche Bestrafung mehr nur geahndet als eingedämmt, mit der Beseitigung des Geldes alle zusammen absterben müssen und daß überdies auch Furcht,

> Kummer, Sorgen, Plagen und Nachtwachen in demselben Augenblick wie das Geld selbst verschwinden müßten?
>
> Ja selbst die Armut, deren einziges Übel doch in Geldmangel zu liegen scheint, würde sogleich abnehmen, wenn man das Geld künftig überhaupt beseitige.«[9]

Über die Jahrtausende immer wieder angefeindet, hat das Geld alle Versuche, es abzuschaffen, offenkundig überlebt. Und wo von Staats wegen der Versuch unternommen wurde, seine wirtschaftliche und individuelle Bedeutung soweit wie möglich zu minimieren, hat es sich behauptet und mächtiger als alle Verbote erwiesen.

War es auch den Herrschern im sogenannten real existierenden Sozialismus gelungen, die nationalen Währungen jeglicher Attraktivität zu berauben – man denke nur an die legendären »Alu-Chips« in der ehemaligen DDR –, so lag die »Rache« des Geldes darin, sich in Gestalt von Währungen »aus dem kapitalistischen Ausland« quasi in einer Art Schattenwirtschaft auszubreiten und auf den Lauf der Dinge Einfluß zu nehmen.

Wie ist es zu erklären, daß Geld trotz aller gesellschaftlichen Wandlungsprozesse und gegen jeden ideologischen Widerstand überlebt, ja sich überlegen gezeigt hat und das Wirtschaftsleben von heute mehr denn je prägt? Worin liegt der Nutzen für die Gesellschaft? Was macht Geld so bedeutend, daß es allen Formen des Naturaltausches vorgezogen wird?

Der Geldforscher und Soziologe Georg Simmel betont in seinem Buch »Philosophie des Geldes« (1900) neben der problematischen Entpersönlichung, die durch die Verwendung von Geld in die wirtschaftlichen Beziehungen der Menschen gebracht wird, vor allem seinen fundamentalen Beitrag zur Durchsetzung der individuellen Freiheit.

Im mittelalterlichen England durften von einem Grundherrn abhängige Bauern ohne dessen Erlaubnis kein Vieh verkaufen. Der Zweck dieses Verbotes bestand darin, dem Abhängigen kein Geld zukommen zu lassen, das ihm zu einem eigenen Gestaltungsspielraum bis hin zu einer gewissen Mobilität hätte verhelfen können. Die Verpflichtung, alle Abgaben an den Grundherrn in Form von Naturalien leisten zu müssen, beinhaltet neben dem wirtschaftlichen Tribut ein personales Abhängigkeits- und Machtverhältnis. So ist dessen spätere Umwandlung in ein finanzielles Abhängigkeitsverhältnis nach Auffassung von Simmel die »Magna Charta der persönlichen Freiheit im Gebiete des Privatrechts«. Als prägnantes Beispiel dafür nennt er die Ablösung des »Ius primae noctae« (Das Recht der ersten Nacht) durch ein Braut- bzw. Ehegeld.[10]

In der Teilentlohnung des Arbeiters durch die von ihm selbst im Betrieb hergestellten Produkte lebt die mittelalterliche Form wirtschaftlicher Abhängigkeit auch heute noch weiter. Ob Bier, Zigaretten, Strom, Kohlen oder Jahreswagen, das Deputat erfreut sich immer noch gewisser Beliebtheit.

Die Verfügungsmöglichkeit über konvertibles Geld ist die Voraussetzung für eine über die Landesgrenzen ausgedehnte Reise. Je diktatorischer ein Regime, desto planmäßiger wird das Mittel der Devisenbeschaffung auch dafür eingesetzt, die Bewegungs- und Reisefreiheit der Untertanen einzuschränken. Für »Devisenschiebereien« droht das totalitäre Regime mit hohen Sanktionen bis hin zur Todesstrafe und macht damit über den wirtschaftlichen Zweck hinaus seinen Machtanspruch auf Leib und Leben seiner Untertanen deutlich.

Dostojewskis nicht zufällig im Gefängnis erworbene Erkenntnis, daß Geld »geprägte Freiheit« ist, bringt diesen Hintergrund pointiert zum Ausdruck.[11]

Geld an sich jedoch ist noch kein Garant für Freiheit. Wesentliche Bedingung für seine Magie und Potenz ist die dem Geldwert zugeschriebene Stabilität. Instabiles, inflationär gebeuteltes Geld kann die erwünschten wirtschaftlichen Funktionen nicht zufriedenstellend erfüllen und leistet nur einen schlechten, weil geringen Beitrag zu individueller Freiheit.

»Die Bedeutung des Geldes liegt entscheidend darin, daß es eine Brücke zwischen Gegenwart und Zukunft herstellt«, schrieb 1936 John Maynard Keynes, einer der einflußreichsten Ökonomen dieses Jahrhunderts.[12] Unter diesem Aspekt ist Geld ein Instrument, mit dem Unternehmer ihre Zukunftserwartungen umsetzen. Bei Zuversicht und positiver Stimmung wird investiert, überwiegt der Zukunftspessimismus, wird das Geld gehortet.

Geld ist Objekt von Vertrauen oder Mißtrauen. Dominiert das Vertrauen, kann Geldbesitz Zukunftsängste dämpfen helfen. Ein Vertrauensverlust jedoch in die Stabilität des Geldwertes bewirkt eine Flucht in materielle Werte, z.B. Immobilien oder Schmuck. Ausschlaggebend dafür ist die Währungspolitik. »Der Zustand des Geldwesens eines Volkes«, schreibt Joseph A. Schumpeter, »ist ein Symptom aller seiner Zustände ... Nichts sagt so deutlich, aus welchem Holz ein Volk geschnitzt ist, wie das, was es währungspolitisch tut.«[13]

Und nichts ist den Deutschen wichtiger als ihre Geldwertstabilität. Diese nimmt – besonders im Zusammenhang mit dem Maastrichtvertrag und der künftigen europäischen Währung – nach Auffassung des französischen Philosophen André Glucksmann geradezu den Charakter einer »Währungsreligion« an.[14] Je näher der Termin für den Beginn der europäischen Währungsunion rückt, um so deutlicher wird den Menschen bewußt, daß es hier um weit mehr als nur den reinen Austausch nationaler gegen eine einheitliche Europawährung geht.

Mit dem baldigen Ende nationaler Währungen stellt sich für die Betroffenen die Vertrauensfrage in die Zukunft und in den Geldwert. Da ist es nicht zufällig, daß auch religiös motivierte Beschwörungen formuliert werden, wie z.B. von dem portugiesischen Ministerpräsidenten Guterres auf dem Madrider Gipfeltreffen der Staats- und Regierungschefs 1995:

»Als Jesus Christus sich entschloß, eine Kirche zu gründen, sagte er zu Petrus: ›Du bist Petrus, der Fels, und auf diesem Fels werd' ich meine Kirche bauen.‹ Heute können wir sagen: ›Du bist Euro, und auf dieser neuen Währung Euro werden wir unser Europa errichten.‹«[15]

Die Deutschen aber haben Angst um ihre schwer erarbeiteten Märker auf den Sparbüchern und unter den Kopfkissen. Bezeichnenderweise lautet der Titel einer Werbebroschüre für die neue gemeinsame europäische Währung: »Der Euro – hart wie die Mark.«

I Vorbereitung

Es ist nicht der Unternehmer, der die Löhne zahlt – er übergibt nur das Geld. Es ist das Produkt, das die Löhne zahlt.

Henry Ford

Ausblick: Gehen Sie nicht unvorbereitet in eine Gehaltsverhandlung. Das wäre fahrlässig. Setzen Sie sich mit den fünf wesentlichen Fragen zuvor intensiv auseinander: Was verdiene ich zur Zeit? Was will ich verdienen? Wann ist ein guter Zeitpunkt für die Verhandlung? Mit wem spreche ich? Was habe ich zu bieten? Und: Überdenken Sie auch Ihr Kommunikationsziel. Wie lautet Ihre Botschaft? Nur dann können Sie in der Verhandlung überzeugen.

Stärken Sie Ihr Selbstvertrauen

Vielen ist eine Gehaltsverhandlung unangenehm, sie haben regelrecht Angst davor. Fehlendes Selbstbewußtsein führt oft dazu, daß es lediglich beim dem Wunsch nach mehr Gehalt bleibt. Die Furcht vor dem Mißerfolg ist so groß, daß es gar nicht erst zum Gespräch kommt.

Das kennen Sie? Sicher, ohne eine gute Portion Selbstbewußtsein geht es nicht. Das heißt jedoch nicht, daß Sie überheblich auftreten sollen, nach dem Motto: »Nun mal rüber mit der Knete, schließlich bin ich der tolle Hecht. Ohne mich läuft hier gar nichts.«

Machen wir uns nichts vor: Jeder ist ersetzbar. Selbstbewußtsein demonstrieren heißt vielmehr, sich darüber klar zu werden, daß Sie nicht als Bittsteller kommen. Schließlich *bitten* Sie nicht um mehr Geld, sondern Sie *verhandeln* darüber. Sie sind jemand, der für die Firma bereits einiges geleistet hat, bzw. einiges leisten wird und damit an den Gewinnen des Unternehmens nicht ganz unbeteiligt ist. Dazu ist es natürlich nötig, sich vorher genau vor Augen zu führen, mit welchen bisherigen beruflichen Erfolgen und zukünftigen Leistungen Sie aufwarten können (s.S. 30 f.).

Denken Sie bei Ihrem »Auftritt« auch an Ihre Körpersprache (s.S. 59 ff.). Entweder sie signalisiert dem Gegenüber, daß da jemand kommt, der weiß, was er leisten kann, der weiß, was er wert ist, oder sie besagt, daß diese Person selbst nicht so recht daran glaubt, erfolgreich zu sein.

Sie sagen, Sie hätten keinerlei Erfahrung mit Verhandlungen? Das ist ein Irrtum. Haben Sie nicht schon einmal beim Einkaufen versucht, den Preis einer Ware runterzuhandeln? Oder wie sieht es mit Urlaubszeiten aus, über die man sich mit Kollegen einigen mußte? Auch hier ist Verhandlungsgeschick gefragt, ebenso wie zu Hause mit dem Partner: Wohin reisen wir in diesem Sommer? Dabei bedarf es ebenfalls manchmal des geschickten Taktierens. Haben Sie Kinder? Dann wissen Sie, was es heißt, sich über die Zeiten, wie lange der Nachwuchs ausgehen darf, über die Höhe des Taschengelds und über die Mithilfe im Haushalt einigen zu müssen. Also – im Grunde geht es im Leben ständig darum, »handelseinig« zu werden.

Bevor Sie sich in eine Gehaltsverhandlung begeben, sollten Sie sich unbedingt ausreichend Zeit für die gründliche Vorbereitung nehmen. Fünf Hauptfragen sind dabei wesentlich, die Ihnen helfen, die wichtigsten Punkte im Vorfeld zu berücksichtigen. Fragen Sie sich:

1. **Was verdiene ich zur Zeit?**
2. **Was will ich verdienen?**
3. **Wann ist ein guter Zeitpunkt für die Verhandlung?**
4. **Mit wem spreche ich?**
5. **Was habe ich zu bieten?**

1. Was verdiene ich zur Zeit?

Haben Sie sich schon mal genauer über Ihr Gehalt bzw. Ihren Lohn Gedanken gemacht? Wie setzt sich Ihr Verdienst zusammen? Was geht vom Bruttosalär ab? Wieviel bräuchten Sie, um gut über die Runden zu kommen. Je mehr Sie sich damit beschäftigen, um so besser. Sie gewinnen dadurch Selbstsicherheit, haben konkrete Zahlen vor Augen und können Ihr Ziel besser anpeilen.

Sicher, das Ganze ist etwas anstrengend, aber die Mühe lohnt sich. Wir möchten Sie einmal bitten, folgende 14 Fragen schriftlich zu beantworten. Sie haben den größten Nutzeffekt, wenn Sie nicht erst einmal überblicksartig alle Fragen kurz anlesen, sondern Frage für Frage hintereinander schriftlich beantworten.

Am besten, Sie holen sich gleich Papier und Schreibwerkzeug und einen Extrabogen zum Abdecken der weiteren Fragen, um wirklich die nächste Frage erst dann zu lesen, wenn Sie die davor gestellte beantwortet haben. Auf diese Weise wird das Ergebnis, Ihr Lern- und Bewußtseinsgewinn um ein Vielfaches größer und damit effektiver sein, und Sie werden bei Ihren bevorstehenden Verhandlungen um so mehr davon profitieren. Hier die Fragen:

1. Welches Jahresbruttoeinkommen wünschen Sie sich realistischerweise? *(Bitte aufschreiben)*
2. Womit/wodurch rechtfertigen Sie diese Summe? *(Bitte ausführlich aufschreiben)*
3. Welches Jahresbruttoeinkommen erzielen Sie derzeit? *(Bitte unter die 1. Zahl / Antwort schreiben)*
4. Wie hoch ist die Differenz zwischen Ihrem jetzigen und dem von Ihnen realistisch erwünschten Jahresbruttoeinkommen? *(Bitte aufschreiben)*
5. Wie erklärt sich aus Ihrer Sicht die Differenz?
6. Wie erklärt es sich aus der Sicht Ihres (jetzigen) Arbeitgebers?

7. Womit/wodurch ist aus Ihrer Sicht die Steigerung Ihres Einkommens gerechtfertigt?
8. Wieviel Geld geben Sie monatlich aus, d.h., wie hoch sind im Durchschnitt Ihre monatlichen Lebensunterhaltskosten?
9. Wieviel Geld bräuchten Sie monatlich zur freien Verfügung (also netto auf Ihrem Privatkonto), um einigermaßen ordentlich über die Runden zu kommen? Keine Großanschaffungen oder Sparbeträge sollen in dieser Summe enthalten sein, aber sonst alles, was Sie und Ihre Lieben für einen Monat zum Leben bei mittlerem Standard bräuchten.
10. Wieviel haben Sie derzeit monatlich für Ihren Lebensunterhalt zur Verfügung?
11. Wie hoch ist die Differenz zwischen real verfügbarer und realistisch gesehen benötigter Monatsnettosumme?
12. Korreliert die Nettodifferenz mit dem von Ihnen realistisch gewünschten und angestrebten Jahresbruttoeinkommen – nach entsprechender Umrechnung auf Monats-Netto-Basis?
13. Was, glauben Sie, muß Ihr Arbeitgeber an Gesamtkosten im Jahr allein für Ihre Beschäftigung aufwenden?
14. Was, schätzen Sie, bringen Sie mit Ihrer Arbeitskraft dem Unternehmen an jährlicher Einnahme?

Erläuterungen zu den Fragen finden Sie auf Seite 38. Sie sollten diese jedoch erst lesen, wenn Sie die aufgeführten Punkte nach bestem Wissen (und selbstverständlich Gewissen) schriftlich beantwortet haben. Die Mühe wird sich für Sie lohnen. Das Ergebnis, eine Art neues Bewußtsein in Sachen Gehalt und Umgang mit Geld, ist von nicht zu unterschätzendem Wert für Ihr Vorankommen in dieser für Sie sicher sehr wichtigen Angelegenheit.

Die Erfahrung bei unseren regelmäßig in Berlin veranstalteten »Geld- und Gehaltsseminaren« zeigt immer wieder, daß fast alle Teilnehmer bei der Beantwortung dieser zunächst einfachen Fragen früher oder später an einem Punkt steckenbleiben und sich hoffnungslos zu »verheddern« drohen. Widersprüche und Ungereimtheiten treten plötzlich auf, und manch einer der Teilnehmer bereute schon fast den Besuch dieses Seminars – so unerträglich schien plötzlich der aufkommende Frust. Klar, solche Gefühle können Sie bei einer so ernsten Angelegenheit wie beim Thema Verdienst überhaupt nicht gebrauchen – ganz im Gegenteil. Um so wichtiger ist es, derartige negative Affekte bei einer (Neu-)Verhandlung am besten auszuschließen.

Besser, Sie sind vielleicht jetzt ein bißchen verwirrt und gehen dieser Verunsicherung nach, als wenn Ihnen so etwas in der Gehaltsverhandlung passiert. Aus diesem Grund ist eine gewisse Irritation oder auch nur Unruhe vielleicht gar kein schlechtes Zeichen. Beschäftigen Sie sich besser jetzt damit als später, wenn es auf Ihre Überzeugungskraft und die damit möglichst einhergehende Unbeirrtheit ankommt. Also, was irritiert Sie, läßt in Ihnen Unsicherheit und/oder Verdruß bei der Beantwortung der obigen Fragen aufkommen?

Wahrscheinlich bereitet vielen bereits die Frage *Was verdiene ich eigentlich?* schon einiges Kopfzerbrechen. Nicht nur das Gehalt/der Lohn ist da einzubeziehen, sondern die Gesamtvergütung ist entscheidend. Sie setzt sich aus dem Grundgehalt und weiteren, zusätzlichen Leistungen zusammen. Erst aus dem Gesamtwert aller Leistungen ergibt sich das wirkliche Einkommen. Daraus folgt: Verhandeln Sie niemals über das künftige Monats-, sondern immer nur über das Jahresgehalt, damit z.B. auch ein mögliches 13. oder 14. Monatsgehalt in die Berechnungen einbezogen wird. Denken Sie also an die sogenannten *Fringe Benefits*, eben an all die Leistungen, die Sie über den Lohn hinausgehend erhalten. Viele Firmen bezahlen z.B. Urlaubs- und Weihnachtsgeld, vermögenswirksame Leistungen, sie beteiligen sich an der Lebensversicherung, manche leisten auch Sonderzahlungen bei runden Betriebsjubiläen, geben einen Zuschuß zur Berufskleidung, übernehmen Fahrtkosten etc.

Ausführliches zum Thema Fringe Benefits finden Sie auf Seite 66.

2. Was will ich verdienen?

Aus dem Koran stammt die Weisheit: Wenn man das Ziel nicht kennt, ist kein Weg der richtige. Das heißt, die Grundvoraussetzung für den Erfolg ist das Ziel. Dieses sollten Sie möglichst realistisch ansetzen. Denn zu hoch gesetzte Ziele bewirken nur eins: Sie frustrieren, weil man sie äußerst selten erreicht.

Gehen Sie nicht blauäugig in das Gespräch, was Ihre Forderungen angeht. Wer zu hoch pokert, wird leicht in seine Schranken verwiesen, und das mit dem Hinweis, ob man nicht wisse, was üblicherweise Arbeitnehmern in einer entsprechenden Position bezahlt werde. Das A und O ist mal wieder die richtige Vorbereitung. Sie müssen sich vorher schlau machen, um den entsprechenden Einwänden Ihres Gegenübers begegnen zu können. Sorgen Sie dafür, daß Sie mindestens genauso gut informiert sind wie Ihr Gesprächspartner. Wer weiß, was »üblicherweise« in der Branche für die Position bezahlt wird, welche Spannbreite möglich ist, kurz, wer seine Marktposition richtig einschätzt, kann mit größerer Selbstsicherheit in ein solches Gespräch gehen und überzeugender argumentieren. Dazu ist es nötig, eingehend zu recherchieren, d.h., Sie sollten überprüfen, wie realistisch Ihre Forderungen sind.

Beim Einkommen sind drei Gruppen zu unterscheiden:

a) Diejenigen, die *Lohn* erhalten, d.h. Arbeiter und gewerbliche Mitarbeiter. Ursprünglich hat man 12 Gruppen unterschieden, aber auch das ist nicht mehr unbedingt in allen Branchen üblich.
b) Angestellte bekommen ein *Gehalt*, das in verschiedene Stufen unterteilt ist.
c) Das *außertarifliche Gehalt*: Wer unabhängig von Tarifvereinbarungen bezahlt wird, gehört zu dieser Gruppe. Überwiegend sind es Führungskräfte.

Ob Gehalt, Lohn oder außertarifliches Gehalt – folgende Quellen helfen bei der Recherche weiter:

- Gewerkschaften können Auskunft über die gezahlten Löhne und Gehälter geben.
- Die Presse (v.a. Wirtschaftsmagazine wie *managermagazin, Capital, Wirtschaftswoche* etc.) veröffentlicht immer wieder Gehaltsübersichten.
- Die Kienbaum Vergütungsberatung in Gummersbach (Tel. 02261/ 70 32 02) nennt Gehaltsdaten.
- Das Statistische Bundesamt in Wiesbaden nennt Durschschnittslöhne/-gehälter aller Branchen (Tel.: 0611/7510). Sie finden auch in der Bibliothek im Statistischen Jahrbuch für die Bundesrepublik Deutschland einen Überblick über die generelle Gehalts- und Lohnstruktur.
- Recherchieren Sie, wenn möglich, im Internet. Unter der Adresse http://www.gehalt.de oder auch entsprechenden Stichwörtern wie Karriere, Aufstieg, Beruf, Job, Gehalt finden Sie Hinweise auf Bezahlungen in bestimmten Berufen.
- Denken Sie auch an den Betriebsrat. Mit seiner Hilfe können Sie herausfinden, wo Sie im Gehaltsgefüge des Unternehmens angesiedelt sind.

Bedenken Sie, daß darüber hinaus noch andere wichtige Faktoren Ihren Marktwert innerhalb des Unternehmens bestimmen: Ihre Fähigkeiten und Kenntnisse, Ihre Erfahrungen und Erfolge, die Sie für das Unternehmen verbucht haben bzw. noch verbuchen werden (s.S. 26/31). Selbstverständlich sollten Sie auch Ihre Persönlichkeitsstruktur in die »Rechnerei« einbeziehen. Aspekte wie Selbstvertrauen, Initiative, Zielstrebigkeit, Verantwortungsbewußtsein, Teamfähigkeit sind hier wesentlich. Gehen Sie einmal in sich und denken Sie über Ihr Persönlichkeitsprofil nach. Wenn es Ihnen Probleme bereitet, sich selbst einzuschätzen, bitten Sie Partner, Freunde, Verwandte oder auch Arbeitskollegen, die Sie ja täglich bei der Arbeit erleben, um deren Einschätzung.

3. Wann ist ein guter Zeitpunkt für die Verhandlung?

Sie sollten nicht irgendeinen Tag für Ihr Gespräch vorschlagen, sondern den richtigen Zeitpunkt mit Bedacht auswählen. Wenn das Timing nicht stimmt, dann können die besten Argumente »für die Katz« sein.

Grundsätzlich läßt sich festhalten: Die besten Chancen für ein Gespräch sind dann gegeben, wenn sich die Bedingungen, unter denen Ihr Gehalt/Lohn einmal festgesetzt wurde, geändert haben. Dazu sollten Sie sich einmal folgende und ähnliche Fragen stellen:

- Habe ich neue Aufgaben dazu bekommen?
- Übernehme ich jetzt mehr Verantwortung als früher?
- Steht eine unmittelbare Ausweitung meines Aufgabenfelds bevor?
- Ist es mir oder meiner Abteilung gelungen, ein schwieriges Projekt erfolgreich abzuschließen?

Bei der Wahl des richtigen Zeitpunkts kann man gar nicht genug Überlegungen anstellen. Psychologen sagen, daß Dienstag, Mittwoch und Donnerstag am besten für Verhandlungen geeignet sind. Denn: Am Montag ist generell die Stimmung bei den meisten »im Keller« (»Schade, das Wochenende ist schon wieder vorbei. Und vor mir liegt eine lange, harte Arbeitswoche.«) Freitags sind wiederum viele mit ihren Gedanken schon im Wochenende und haben keine Lust auf solche möglicherweise langwierigen, schwierigen Gespräche.

Bedenken Sie auch die »Unternehmensrhythmen«, z.B.: Stehen mittwochs immer bestimmte Sitzungen an, die sich lange hinziehen können? Dann ist es ungünstig, das Gespräch für diesen Tag anzusetzen.

Überlegen Sie, welche Tageszeit am günstigsten ist. Untersuchungen haben gezeigt, daß am späten Vormittag und Nachmittag Leistungshochs liegen. Allerdings hängt das auch von persönlichen Eigenheiten ab. Was ist Ihr Chef/Vorgesetzter für ein Typ? Fängt er morgens früh an zu arbeiten, oder lautet sein Motto: Je später Abend, desto effektiver die Arbeit?

Auch die Situation des Unternehmens sollten Sie bei Ihren Überlegungen nicht ausklammern. Wie sieht die Geschäftslage der Firma aus? Herrscht gerade eine Flaute, gehen die Aufträge zurück, oder ist ganz besonders viel zu tun, und keiner weiß so richtig, »wo hinten und vorn ist« – dann sollten Sie günstigere Phasen abwarten. Genauso ungeeignet für Ihr Vorhaben: Urlaubs- und Weihnachtszeit.

Gut stehen Ihre Chancen hingegen beispielsweise, wenn sich die Ertragslage des Unternehmens bessert: Die Firma expandiert, ein Großkunde wurde gewonnen, das Unternehmen hat einen entscheidenden Geschäftsabschluß getätigt oder geht an die Börse.

Packen Sie Ihre Chance beim Schopfe, wenn Ihr direkter Vorgesetzter das Unternehmen verläßt, um zu einem Konkurrenten zu wechseln. Dann legt Ihre Firma – vorausgesetzt Sie haben gute Arbeit geleistet – mit Sicherheit Wert darauf, nicht noch einen Mitarbeiter zu verlieren, der sich in einem bestimmten Bereich gut auskennt. Neue Mitarbeiter einzuarbeiten, das ist für ein Unternehmen unter Umständen ein kostspieliges Unterfangen.

Bei einem Gehaltsgespräch handelt es sich um eine auf die Arbeit bezogene Angelegenheit. Deshalb sollte eine derartige Verhandlung auch am Arbeitsplatz und nicht nach Feierabend geführt werden, womöglich im Fahrstuhl auf dem Nachhauseweg, wo Sie den Chef zufällig treffen oder gar abpassen. Auch Vorgesetzte haben Anspruch auf Erholung nach Dienstschluß. Also bitten Sie nicht um das Gespräch in der Freizeit, und belästigen Sie Ihren Vorgesetzten bitte auch nicht beim nächsten Betriebsfest mit diesem Thema – nach dem Motto: »Chef, wo wir gerade so nett beim Bierchen zusammensitzen, wollte ich Sie doch mal was fragen ...« Das läßt die Stimmung ganz schnell in den Keller sinken, und Sie haben keine guten Karten. Auch hier gilt: Dienst ist Dienst, und Schnaps ist Schnaps.

Übrigens: Prinzipiell ist es besser, nicht zu lange mit einem Gehaltsgespräch zu warten, man sollte aber nun auch nicht alle paar Monate um einen Termin bitten. Ungefähr ein Jahr sollte zwischen zwei Gesprächen liegen. Und bitten Sie lieber öfter um eine kleine Erhöhung (die tut dem Chef/Unternehmen dann auch nicht so »weh«) als einmal um eine richtig dicke Steigerung. Hier bieten die Lohn- und Gehaltsverhandlungen der Gewerkschaften ein gutes Vorbild. Wer drei, vier Jahre wartet, dann »geladen« zu seinem Chef geht und 20 bis 30 Prozent Steigerung verlangt, hat denkbar schlechte Chancen, seine Forderungen auch nur ansatzweise befriedigend durchzusetzen. Also: Besser alle 12 bis 18 Monate zwei bis fünf Prozent mehr aushandeln, als zu lange zu warten und dann mit einer Maximalforderung auftreten zu müssen.

4. Mit wem spreche ich?

Gehaltsverhandlungsgespräche führt man in der Regel mit dem direkten Vorgesetzten, nicht mit dem obersten Chef. Ihr Vorgesetzter könnte sich sonst übergangen fühlen und Ihr beiderseitiges Verhältnis dadurch entscheidend gestört sein. Zudem kann Ihr direkter Vorgesetzter Ihre Leistungen am besten beurteilen.

Um die Chancen für ein erfolgreiches Gespräch zu erhöhen, sollten Sie sich in Ihren Vorgesetzten gedanklich hineinversetzen. Wann ist er am besten ansprechbar? Wie gehe ich auf ihn zu?

Weil Sie ihn tagtäglich erleben, können Sie sehr wahrscheinlich auch einschätzen, ob er als Verhandlungspartner eher eine »harte Nuß« ist; vielleicht der Typ Mensch, der sich selbst bis zum letzten für die Firma aufopfert, der sich »von ganz unten« durch harte Arbeit und übermäßigen Einsatz emporgearbeitet hat. Er wird sicher davon überzeugt sein, daß man äußerst hart um mehr Geld kämpfen muß.

Oder ist er eher der Typ »Kumpel« – einer, der, wenn's drauf ankommt, für seine Mitarbeiter immer da ist, der Sie und Ihr Engagement zu schätzen weiß. In diesem Fall wird es für Sie einfacher. Beim Vorgesetzten der Sorte »hart, aber gerecht« werden Sie durch sachliche, logisch aufeinander aufbauende Argumente weiterkommen. Schwer wird es bei einem Chef, der wenig Kontakt zu seinen Mitarbeitern pflegt und nicht im Bilde ist, wer was genau wie tut. Hier ist es besonders wichtig, ihm Ihre Leistungen genau vor Augen zu führen, weil

Sie nicht davon ausgehen können, daß er registriert hat, an welchen positiven Ergebnissen Sie beteiligt bzw. wofür Sie verantwortlich waren.

Ihr Taktiergeschick ist natürlich auch gefragt – und wenn Sie wissen, worüber Ihr Chef am liebsten spricht, dann können Sie beiläufig auf dieses Thema kommen – gemäß einem rumänischen Sprichwort: *Am schnellsten kommt man auf dem Steckenpferd des Vorgesetzten voran.*

Denn natürlich spielen psychologische Aspekte eine Rolle. Nicht zu unterschätzen: Sympathie und Antipathie. Schließlich wirken diese Faktoren, ob wir wollen oder nicht, ganz entscheidend auf das zwischenmenschliche Miteinander ein. Allerdings wird ein verantwortungsvoller Vorgesetzter dafür sorgen, daß diese Aspekte nicht Oberhand gewinnen. Schließlich geht es um das Wohlergehen der Firma und darum, gute, leistungsfähige Mitarbeiter zu haben – und auch zu halten.

Zu bedenken ist darüber hinaus die Machtposition Ihres Chefs, der möglicherweise mit Ihrer Forderung wiederum zu seinem Vorgesetzten gehen muß. Wie sind die bisherigen Erfahrungen, kommt er mit Wünschen und Vorschlägen bei der Geschäftsleitung durch, oder stößt er meist auf taube Ohren?

Für den Fall, daß Ihr direkter Vorgesetzter kein Entscheidungsträger ist, also gar nicht bestimmen kann, ob Sie mehr Gehalt/Lohn bekommen oder nicht und er Ihre Wünsche an höherer Stelle vortragen muß, besteht berechtigterweise Zweifel bis Sorge, wie und vor allem ob Ihre Botschaft richtig ankommt und den gewünschten Effekt erzielt. Wie bei dem bekannten Kinderspiel »Stille Post« kann auf dem Weg nach oben bis zum entscheidenden Empfänger viel verloren gehen, mißverstanden und herausgefiltert werden oder auch einfach nur verpuffen. Ein beliebtes Argument von Vorgesetztenseite ist denn auch der Hinweis: »Ich werde mich einsetzen, stark machen für Sie, aber Sie wissen ja selbst ...«

Versuchen Sie also selbst so nah, so direkt, wie möglich Gehaltsverhandlungsgespräche mit dem »Entscheider« persönlich zu führen. Natürlich dürfen Sie dabei Ihren Vorgesetzten nicht leichtfertig übergehen und auf diese Weise gegen sich aufbringen (Stichwort Dienstweg – in Deutschland ein Heiligtum).

Und noch einmal zur Erinnerung: Nicht nur Ihr direktes Gegenüber ist in der Verhandlung bedeutend, sondern Sie sollten auch im Vorfeld die Gesamtsituation des Unternehmens im Auge haben, um die eigenen Chancen realistisch einzuschätzen (siehe dazu auch Anmerkungen zum richtigen Zeitpunkt, S. 26).

5. Was habe ich zu bieten?

Beim Nachdenken darüber, wie hoch Sie mit Ihren Forderungen gehen könnten, wann und mit wem Sie reden, dürfen Sie nicht Ihre Argumentation aus den Augen verlieren. »Was habe ich zu bieten?« ist die Frage aller Fragen. Das mag banal klingen, doch es ist erstaunlich, wie unvorbereitet viele Bewerber die Frage nach ihren Fähigkeiten, nach ihrer konkreten Leistung und den daraus sich ableitenden Erfolgen trifft. Wenn Sie aber ein möglichst gutes Ergebnis erzielen wollen, müssen Sie auch immer mit der mehr oder weniger verblümten Frage rechnen: »Was bieten Sie uns?« oder: »Warum sollten wir gerade Ihnen ein so hohes Gehalt zahlen?«

Es ist für Sie daher unerläßlich, vor der Gehaltsverhandlung eine persönliche Bestandsaufnahme zu machen. Machen Sie sich vor dem Gespräch klar, was Sie qualifiziert. Ideal wäre, wenn Sie nicht erst kurz vor der Gehaltsverhandlung, sondern möglichst lange davor Ihre beruflichen Erfolge und besonderen Leistungen gesammelt haben (inklusive der Überstunden, die Sie leisten), sonst geht der eine oder andere Punkt verloren. Je mehr und je konkreter Sie notieren, was Sie für sich ins Feld führen können, desto besser. Dann haben Sie die besten Argumente für sich schon zur Hand. Denn: Wer bereits Erfolge erzielt hat, der wird dies wahrscheinlich auch weiterhin tun. Wenn Sie nicht regelmäßig darüber Buch geführt haben, dann gilt für Sie die Devise: in Ruhe darüber nachdenken, was Sie in den letzten Monaten, vielleicht auch Jahren (je nachdem ob und wann das letzte Gehaltsverhandlungsgespräch stattfand) geschafft haben.

Berufliche Erfolge? Die kann ich leider noch nicht so direkt vorweisen, meint so mancher Arbeitnehmer; das erfahren wir immer wieder in der Karriereberatung und in unseren Seminaren. Bei vielen herrscht Ratlosigkeit, wenn sie zum ersten Mal mit dieser Frage konfrontiert werden. Nach längerem Nachdenken und mit kleiner Erinnerungshilfe jedoch zeigt sich, daß wohl jeder in seiner beruflichen Laufbahn positive Ergebnisse für sich verbuchen kann. Folgende Auflistung soll Ihnen zeigen, was Sie als beruflichen Erfolg anführen können.

Zu erwähnen wäre z.B., daß Sie ...

- ... die Idee für ein neues Produkt entwickelt haben
- ... zur Umsatzsteigerung beigetragen haben
- ... den Kundendienst verbessert haben
- ... Mitarbeiter geschult haben
- ... neue Mitarbeiter erfolgreich eingearbeitet haben
- ... in einem Projekt mitgearbeitet oder es geleitet haben
- ... Einsparungsvorschläge gemacht haben, die erfolgreich umgesetzt wurden
- ... Stammkunden »herangeholt« haben
- ... die Idee für erfolgreiche Umstrukturierungen geliefert haben
- ... sich in einer Ausnahmesituation bewährt haben
- ... besondere Führungsqualitäten unter Beweis gestellt haben, als man Sie herausforderte
- ... eine Auszeichnung oder besonderes Lob erhielten usw.

Sie mögen jetzt denken: Warum soll ich meine Erfolge und besonderen Leistungen so hervorheben? Mein Vorgesetzter kennt sie doch. Sind Sie da wirklich sicher? Immerhin gibt es – zumindest in Großbetrieben – einige Mitarbeiter, da kann man als Vorgesetzter schon mal den Überblick verlieren. Zum anderen sollten Sie seine Erinnerungsfähigkeit nicht überschätzen. Und Sie wissen doch: Klappern gehört zum Handwerk. Also mit anderen Worten: Es reicht oft leider nicht, »nur« gut zu sein, man muß auch dafür sorgen, daß andere es deutlich merken.

Kommunikationsziel – Botschaft – Argumentation

Noch einmal etwas zum Thema Vorbereitung und gleichzeitig auch schon zur strategischen Ausrichtung Ihrer Gehaltsverhandlung: Sie verfolgen ein Ziel. Sie wollen eine Idee, eine Botschaft einer für Sie wichtigen Person näher, am besten erfolgreich rüberbringen. Von dieser Sache hängt viel für Sie ab. Möglicherweise wird eine Entscheidung getroffen werden. Diese Entscheidung möchten Sie beeinflussen. Sie soll so fallen, wie Sie es sich wünschen. Wie gehen Sie vor?

Aus der Welt der Werbung, die ständig damit beschäftigt ist, uns Konsumenten ein neues Produkt schmackhaft zu machen und uns zum Kauf neuer Artikel und Leistungen zu animieren, kennen wir eine besondere Vorgehensweise, die leicht modifiziert auch gut dabei behilflich sein kann, Ihre bevorstehende Gehaltsverhandlung positiv zu unterstützen. Es geht um ein konzeptionelles Planen und Vorgehen. Drei aufeinander abgestimmte Schritte sind zu beachten:

1. Was wollen Sie Ihrem Gegenüber, dem Vorgesetzten kommunizieren? Was ist Ihr Anliegen, Ihr Ziel?
   Dies ist der wichtigste und leider auch schwierigste Baustein, der wohl die längste Bearbeitungszeit in Anspruch nehmen wird.
2. Wie formulieren Sie aus den sorgfältigen Überlegungen zu Ihrem Kommunikationsziel verständliche, schnell begreifbare, überzeugende Botschaften?
   Hier kommt es besonders auf Ihre Fähigkeit an, etwas auf den Punkt zu bringen.
3. Wie untermauern Sie diese ausgewählten und präzise formulierten Botschaften, um deren Glaubwürdigkeit und Überzeugungskraft ebenso zu stärken, wie deren Erinnerungsgehalt?
   Der zu leistende Dreierschritt lautet also:
   Kommunikationsziel definieren –
   Botschaften formulieren –
   Argumente zusammenstellen.

Schritt 1 bedeutet, sich zunächst einmal mit der Frage auseinanderzusetzen, was Sie Ihrem Arbeitgeber von sich vermitteln wollen. Den meisten Kandidaten unserer Gehaltsverhandlungs-Trainingsseminare fällt jetzt spontan ein: Ist doch klar, ich will mehr Geld!

Dieses Kommunikationsziel allein stellt aber noch keinen zwingenden Grund dar, sich für Ihren Wunsch zu verwenden. Um ihn erfüllt zu bekommen, braucht es schon etwas mehr. Leider!

Mit dieser Frage weiter beschäftigt, neigen viele Kandidaten dazu, mehr oder weniger »stark« zu argumentieren. Etwa so: Sie seien nun mal dran mit einer Gehaltserhöhung, würden Tolles leisten, alles wäre übrigens inzwischen teurer geworden und andere Kollegen im Unternehmen bekämen ungerechterweise sowieso mehr Geld obwohl ... usw.

Schön und gut, aber was glauben Sie: Wie wird Ihr Gegenüber daraufhin argumentieren, und vor allem, wie wird die Reaktion, die Entscheidung ausfallen?

An dieser Stelle wird von den meisten Kandidaten, die wir beraten, schnell erkannt, daß ihre Argumentation, daß vor allem ihr vorformuliertes Kommunikationsziel – ich bin ..., ich will ..., geben Sie mir bitte ... – allein noch nicht ausreicht.

Fazit und Frage: Wie kann man es besser machen? Zunächst geht es darum, das Kommunikationsziel sorgfältig(er) zu entwickeln. Leichter gesagt als getan. Sie haben die schwierige Aufgabe, sich genau zu überlegen

- was für ein Mitarbeiter Sie eigentlich sind
- welche besonderen Fähigkeiten Sie haben und
- was Sie damit oder dadurch bereits für das Unternehmen erreicht haben.

In der Abfolge variiert und auf drei Essentials reduziert bedeutet das: Es geht um *Kompetenz, Leistungsmotivation, Persönlichkeit.*

Wenn Sie sich lange genug mit diesen Themen, mit Ihrem individuellen Angebot und den daraus abzuleitenden nachvollziehbaren Arbeitsergebnissen auseinandergesetzt haben und zu wirklich substantiellen Aussagen gekommen sind, wird es Ihnen leichter fallen, bezogen auf die von Ihnen angestrebte Gehaltsverbesserung, ein überzeugendes Kommunikationsziel zu entwickeln.

Bevor es jedoch um die wichtige Frage der Übermittlung Ihrer Botschaft geht – frei nach dem Motto: »Wie sag' ich's meinem Chef« –, muß zunächst ein anderes, nicht weniger gewichtiges Problem bedacht werden. Ist das, was ich vermitteln will, wirklich geeignet, eine positive Entscheidung zu erwirken?

An dieser Stelle werden von den meisten Gehaltsverhandlungs-Kandidaten die entscheidenden Fehler gemacht. Bei dieser eminent wichtigen vorab zu klärenden Aufgabe sind leider fundamentale Versäumnisse und Mängel an der Tagesordnung.

Vielleicht sollte nach reiflicher Überlegung Ihr definiertes und niedergeschriebenes Kommunikationsziel z.B. etwa so aussehen ...

Mein Kommunikationsziel ist es ...

... meinen Chef zu vermitteln, daß ich ein Mitarbeiter bin, der über außergewöhnliche kommunikative Fähigkeiten verfügt. Darunter ist zu verstehen: Ich bin sehr gut in der Kontaktaufnahme, kann mich gewandt ausdrücken und ohne große Hemmungen eigentlich mit jedem Menschen leicht ins Gespräch kommen. Andere vertrauen mir auffällig schnell. Ich wirke auf viele Personen ermutigend und bin ein sehr guter und aufmerksamer Zuhörer.

Ich bin in der Lage, Wichtiges von weniger Wichtigem schnell unterscheiden zu können und kann Sachverhalte gut auf den Punkt bringen.

Trotz meiner Freude an Unterhaltungen und auch an gezielten Gesprächen bin ich jemand, der sehr diskret sein kann und bei dem ein Geheimnis absolut sicher aufgehoben ist.

Unsere Kunden vertrauen mir, und ich habe schon so manches Mal Dinge, die in unserer Firma schiefgelaufen sind, durch meine Vorgehensweise beim Kunden ausbügeln können. Hier gibt es folgendes Beispiel ...

Dadurch bin ich für unsere Firma ein wichtiger und wertvoller Mitarbeiter, der mit dazu beiträgt, den Unternehmensgewinn zu vermehren und wichtige Kunden ans Unternehmen zu binden. Diese nachweislich erfolgbringenden Fähigkeiten möchte ich auch zukünftig weiter einsetzen und möglichst noch ausbauen und steigern. Eine Erhöhung meines Gehaltes würde mir dabei helfen ... wäre Ansporn ...

Bei dieser exemplarischen Definition eines Kommunikationsziels entwerfen Sie ein Bild von sich als Mitarbeiter im Unternehmen, das allein schon ausreichen müßte, Ihren Wunsch nach mehr Geld in der Lohntüte sofort zu erfüllen. Wichtig dabei ist, daß Sie auf der inhaltlichen Ebene etwas wirkungsvolles vorzutragen haben, was die andere Seite, den Empfänger (Chef), erreicht. Das hierbei entwickelte Kommunikationsziel (K-Ziel) beinhaltet nicht primär Ihren Wunsch nach mehr Geld, sondern Ihre Selbstaussage über Ihre Fähigkeiten und Erfolge. Je besser Sie es schaffen, dieses K-Ziel zu formulieren, desto höher die Wahrscheinlichkeit, daß man Ihrem Wunsch entgegenkommt.

Jetzt zu Ihrer **zweiten Aufgabe**. Sie entwickeln aus Ihren K-Zielvorstellungen klare und schnell zu verstehende Botschaften. In unserem Beispiel wären das folgende:

Meine vier wichtigsten Botschaften lauten:

1. Ich bin ein kommunikativer Mitarbeiter, der mit allen Kunden mühelos jederzeit ins Gespräch kommt und schnell ihr Vertrauen gewinnt.
2. Ich weiß dabei, worauf es wirklich ankommt, bin stets loyal und setze mich erfolgreich für die Unternehmensziele ein.
3. Ich möchte diese Fähigkeiten noch weiter ausbauen und durch mehr Verantwortungsübernahme dazu beitragen, daß das Unternehmen noch erfolgreicher wird.
4. Eine Erhöhung meiner Bezüge wäre ein enormer Ansporn für diese Entwicklung.
   (Alternativ: Die teure Rhetorik-Fortbildung bei XYZ wäre zunächst ein Schritt in die richtige Richtung!)

Bevor wir zum dritten, dem argumentativen Schritt kommen, mit dem Sie das Ganze überzeugend untermauern, verdeutlichen wir uns hier noch einmal, was den beispielhaft skizzierten Vortragsaufbau so besonders macht.

Bei diesem sorgfältig zusammengestellten, fast schon durchkomponierten Kommunikationsziel liegt der Schwerpunkt nicht auf der schnöden Forderung »Ich will mehr Geld!«. Das ergibt sich einfach logisch am Ende. Hauptsächlich aber vermitteln Sie damit Ihre besonderen Fähigkeiten und den erfolgreichen Einsatz für die Unternehmensziele und fügen dem Ganzen quasi »nur« einen richtungsweisenden Wunsch hinzu.

Seien Sie versichert: In dieser Form vorbereitet und gut vorgetragen erreichen Sie viel eher das, was Sie bei Ihrem Gegenüber bewirken möchten.

Sicherlich erkennen Sie – vereinfacht ausgedrückt – diese Strategie als eine nach dem Motto: »von hinten durch die Brust ins Auge«. Wir bedienen uns dieses Sprachbildes immer dann, wenn wir nach gewisser Zeit (endlich) bemerken, worauf eine Sache eigentlich hinauslaufen soll. Damit verbunden ist die Wahrnehmung, daß man eben nicht gleich darauf gekommen ist, worum es eigentlich geht.

Nun ist bei einer Gehaltsverhandlung die Absicht des Vortragenden natürlich klar. Es kann auch nicht darum gehen, jemanden raffiniert zu täuschen. Hübsch verpackt ist ein von Ihnen überreichtes Geschenk einfach netter und schöner für den Empfänger. Kurzum: Der Ton macht die Musik und damit ist diese Ihnen hier vorgestellte Vorgehensweise gerechtfertigt. Schließlich geht es in der Werbung ganz genauso zu. Da sagt uns auch keiner direkt: »Hey Kunde, kauf unser Produkt, wir wollen Dein Geld!« Die meisten Werbebotschaften funktionieren raffinierter und ganz erfolgreich nach der oben beschriebenen Methode.

Nun fehlt noch der **dritte und letzte Schritt** in dieser Vorbereitung, die wohlüberlegten Argumente. Wieso? Nun, zutreffende, überzeugende und positive Selbstaussagen zu formulieren, das ist schon nicht jedermanns Sache. Und selbst das reicht nicht aus, denn Behauptungen aufzustellen ist viel zu wenig, sie zu »beweisen« ist das Ziel.

»Die Botschaft hör ich wohl, allein es fehlt mir doch der Glaube« – so ein bekanntes Goethe-Zitat. Deshalb ist es jetzt beim dritten Schritt besonders wichtig, die Argumente zu finden, die Ihre Botschaften glaubwürdig untermauern helfen.

Mit welcher Anekdote, durch welche Detailbeschreibungen kann ich meinem zuhörenden Gegenüber verdeutlichen, daß meine in den Botschaften enthaltenen Aussagen wirklich glaubwürdig sind? – so lautet die Aufgabenstellung.

Welche Situationen, Begebenheiten in Ihrem Arbeitsalltag verdeutlichen, was Ihre Botschaften als Kurzformeln transportieren sollen? Wenn Sie hier den richtigen Erzählstoff beisammen haben, überzeugen Ihre Argumente und unterstreichen die Glaubwürdigkeit Ihrer überlegt ausgewählten Botschaften.

Kommunikationsziel, Botschaften und Argumentation bilden in einem idealen Dreiklang die Grundlage, auf der sich ein Arbeitgeber für eine Gehaltserhöhung entscheiden kann. Machen Sie es ihm nicht schwerer als es ohnehin schon ist. Sie wissen ja: Entscheidungen sind schließlich das schwierigste, was es in unserem Leben zu treffen gilt. Bei Ihrem Anliegen handelt es sich schließlich um eine Bringschuld, die in Ihrem eigenen Interesse Ihr berufliches Vorhaben positiv befördern soll. Also seien Sie gut vorbereitet und gehen Sie bei der Durchführung planvoll und wohl überlegt vor. Sie werden sich besser und stärker fühlen, und Ihr Anliegen wird von Erfolg gekrönt sein.

Zusammengefaßt: Um erfolgreich eine Gehaltsverhandlung zu führen, brauchen Sie eine gute Portion Selbstbewußtsein. Dieses können Sie stärken, indem Sie sich immer wieder Ihre Leistungen und Erfolge für das Unternehmen bewußt machen.

Wichtig ist, daß Sie sich im Vorfeld nicht nur über das »Was«, also Ihr Kommunikationsziel, im klaren sind. Sie sollten sich auch über die Rahmenbedingungen ausreichend Gedanken machen – also, mit wem Sie wann wie sprechen. Sonst könnte es passieren, daß Sie mit schlechter Startposition ins Rennen gehen.

Zum Hintergrund unserer Fragen von Seite 21 f.:

1. *Ihr Jahresbrutto-Einkommenswunsch:* Was meinen Sie selbst? Realistisch, zu hoch oder zu niedrig?
2. *Ihre Rechtfertigung:* Zufrieden mit der eigenen Argumentation? Überzeugend? Wenn nicht, was wären bessere, überzeugendere Argumente?
3. *Ihr derzeitiges Jahresbruttoeinkommen:* Diese Zahl kennen Sie oder? Ist es auch die richtige Zahl, sind alle Extras berücksichtigt? (s.S. 24 f.)
4. *Zur Differenz von aktuellem Einkommen und realistischem Wunscheinkommen:* Richtig gerechnet? Und wie groß ist die Differenz?
5. *Ihre Erklärung:* Gibt es für Sie plausible Gründe, die den Unterschied rechtfertigen? Können Sie etwas dafür tun?
6. *Die mögliche Erklärung Ihres jetzigen Arbeitgebers:* Wie würde diese aussehen, und was meinen Sie zu diesen Argumenten?
7. *Wie rechtfertigen Sie die Steigerung?:* Zufrieden mit Ihren Argumenten, oder lassen sich noch bessere, substantiellere finden?
8. *Zu Ihren monatlichen Lebensunterhaltskosten:* Wie gut wissen Sie über Ihre wirklichen Ausgaben Bescheid? Die meisten unserer Seminarteilnehmer wissen übrigens nicht sicher, was sie durchschnittlich im Monat ausgeben.
9. *Wieviel Geld bräuchten Sie wunsch-, aber doch realitätsbezogen?:* Wofür genau benötigen Sie dieses Mehr an Geld? Und wie wichtig ist Ihnen das?
10. *Ihr aktuelles Monats-Netto-Budget:* Kennen Sie das wirklich so genau? Und wie kommen Sie damit klar? Für den Fall, daß es beim Auskommen mit dem Einkommen Probleme gibt: Benennen Sie diese so präzise wie möglich. Was sind die Ursachen?
11. *Wie hoch ist die Differenz zwischen Wunsch und Realität?:* Realistisch erreichbar oder nicht?
12. *Korrelation Wunsch-Netto-Gehalt und Monats-Netto-Budget/Etat:* Ist das rein rechnerisch sauber, oder gibt es da auffallende Abweichungen, z.B.: viel mehr Gehalt haben als man monatlich eigentlich bräuchte, oder umgekehrt viel mehr monatlich zur Verfügung ha-

ben als gehaltsmäßig drin wäre. Was fällt Ihnen selbst dazu ein, wenn Sie in aller Ruhe darüber nachdenken?

13. *Gesamtkosten Ihres Arbeitgebers, bezogen auf Ihren Jahresbruttolohn:* Ihr Bruttogehalt plus 50 bis 100 %, rechnen Experten.
14. *Was bringen Sie Ihrem Arbeitgeber ein?:* Können Sie den Gewinn beziffern, den Sie für »Ihr« Unternehmen erwirtschaften? Versuchen Sie, sich darüber Klarheit zu verschaffen, es stärkt Ihr Selbstbewußtsein und damit Ihre Verhandlungsposition.

II Taktiken und Strategien für die erfolgreiche Gehaltsverhandlung

Der Mensch ist nicht frei, wenn er einen leeren Geldbeutel hat.

Lech Walesa

Ausblick: Die Rahmenbedingungen sind abgesteckt, jetzt wird's konkret. Fünf Aspekte bestimmen den Erfolg Ihrer Verhandlung: Der Gesprächseinstieg, die überzeugende Argumentation, das Vermeiden »falscher Argumente«, Ihre Art, Einwänden und Kritik zu begegnen und schließlich all das, was Sie ohne Worte über sich aussagen: Ihre Körpersprache.

Johann Wolfgang von Goethe wird nachgesagt, ein gefürchteter Verhandlungspartner gewesen zu sein. Wenn es darum ging, sich mit einem Verleger über ein Honorar zu einigen, griff der »schlaue Fuchs« zu einer geschickten Methode. Er schrieb seinen Wunsch auf einen Zettel, steckte ihn in einen verschlossenen Umschlag und bat den Verleger, das gleiche zu tun. Die beiden tauschten die Umschläge aus, wobei Goethe vorher eindringlich darauf hingewiesen hatte, daß er – falls das Angebot des Verlegers unter seinen eigenen Vorstellungen blieb – das Buch nicht in dessen Verlag veröffentlichen werde.

Auch wenn wir Ihnen dringend von Erpressungsversuchen wie diesen abraten wollen, so zeigt doch das Beispiel, daß gesundes Selbstbewußtsein eine wesentliche Bedingung für das erfolgreiche Verhandeln ist. Deshalb noch einmal: Denken Sie daran, daß Sie nicht als Bittsteller in ein solches Gespräch gehen. Sie sind sich vielmehr Ihrer Leistungen und beruflichen Erfolge deutlich bewußt.

Wesentlich für den Erfolg ist Ihre Einstellung zur Gehaltsverhandlung: Gehen Sie mit einer bestimmten Haltung in die Verhandlung: Ich werde versuchen, meinen Gesprächspartner für mich zu gewinnen. Ich möchte ihn davon überzeugen, daß meine Leistung es wert ist, besser bezahlt zu werden.

Verdeutlichen Sie sich auch, daß die Gesprächsführung in Ihren Händen liegt – das heißt, Sie geben die Richtung vor. Am besten durch geschicktes Fragen.

Dabei möchten wir deutlich klarstellen, daß bei Gehaltsverhandlungen kein diabolisches Verhandlungsgeschick nötig ist, um der anderen Seite horrende Summen abzuschwatzen. Vielmehr geht es darum, in einer zugegebenermaßen nicht ganz einfachen (Prüfungs-)Situation den Überblick zu behalten und dadurch das Gespräch mit dem Vorgesetzten positiv zu lenken.

Fünf Aspekte sind wesentlich für den Erfolg Ihrer Verhandlung:

- **Den richtigen Gesprächseinstieg finden**
- **Überzeugend argumentieren**
- **Die Todsünden in der Gehaltsverhandlung vermeiden**
- **Den Umgang mit Einwänden und Kritik lernen**
- **Die Geheimnisse der Körpersprache kennen**

Worauf es ankommt

1. Den richtigen Gesprächseinstieg finden

Die wichtigste Grundregel bei der Gehaltsverhandlung lautet: Nennen Sie niemals zuerst einen konkreten Betrag/eine Zahl. Dafür gibt es zwei entscheidende Gründe:

1. Sobald Sie eine Summe nennen, ist sie die Richtmarke, an der sich alle weiteren Gespräche orientieren. Sie haben dann eine Zahl genannt, unter Umständen noch bevor Sie sich richtig präsentieren konnten. Das aber verschlechtert Ihre Ausgangslage enorm, denn dann müssen Sie erst einmal beweisen, daß Ihre Leistungen den

Preis wert sind, den Sie genannt haben. Dazu haben Sie aber womöglich keine Gelegenheit mehr, weil die Zeit für das Gespräch schon abgelaufen ist oder das Interesse des Chefs wegen der zu hohen Gehaltsforderung erlahmt. Mindestens genauso wahrscheinlich ist es aber, daß Sie zu tief gestapelt und eine zu niedrige Summe genannt haben. Davon wieder wegzukommen, ist dann so gut wie unmöglich.

2. Die direkte Frage nach dem Geld treibt den Arbeitgeber/Vorgesetzten womöglich in die Enge. Er fühlt sich unter Druck gesetzt. Keine glückliche Ausgangsposition für eine Verhandlung. Stellen Sie also zunächst die eigene Arbeit, nicht die Gehaltsforderung in den Vordergrund Ihres Gesprächs. Überhaupt: Versuchen Sie, das Wort Gehaltserhöhung zu vermeiden – schon wenn es darum geht, einen Termin für dieses Gespräch zu vereinbaren. Sie können von einem Beurteilungsgespräch reden, einem Gespräch über die eigenen Entwicklungschancen in der Firma.

Dem kann auch der Unternehmensberater Werner Wiehl zustimmen: »Ich halte es taktisch für völlig falsch, ein Gehaltsgespräch mit den Worten ›Ich will mehr verdienen‹ zu beginnen ... Lieber sollte man andeuten, mehr Verantwortung übernehmen zu wollen, dann ergibt sich das Thema Geld von selber.«[16]

Es ist also wichtig, die Argumente parat zu haben, mit denen man begründen kann, weshalb man zu »Höherem« berufen ist und folgerichtig auch mehr verdienen sollte.

Eine andere Möglichkeit: Leiten Sie das Gespräch doch mit einer Frage ein. (Sie wissen ja, wer fragt, der führt ...). Sie könnten sich nach der Zufriedenheit mit Ihrer Leistung erkundigen – und so auf Ihre Erfolge und positiven Ergebnisse zu sprechen kommen. Oder fragen Sie, welche Perspektiven Sie in dem Unternehmen haben und was Sie tun könnten, um weiter voranzukommen.

Dann fällt der Übergang zu Ihrem eigentlichen Anliegen nicht mehr schwer. Fragen Sie z.B. »Sie können aus meinen Arbeitsergebnissen ableiten, daß ich mich sehr erfolgreich für unser Unternehmen engagiert habe. Was meinen Sie, wie stehen die Chancen, daß dieser

Einsatz finanziell honoriert wird?« So sind Sie geschickt aufs Thema gekommen, ohne Ihrem Gegenüber mit der Nennung einer konkreten Zahl die Pistole auf die Brust zu setzen.

2. Überzeugend argumentieren

Haben Sie den Einstieg ins Gespräch gefunden, gilt es nun, stichhaltige Argumente parat zu haben. Die Kunst besteht darin, Ihre Leistungen noch einmal sehr deutlich so zu präsentieren, daß Ihrem Gegenüber ganz deutlich wird, was er (und selbstverständlich das Unternehmen) an Ihnen hat.

- Machen Sie Ihrem Vorgesetzten klar, daß ein Mehr an Bezahlung sich für das Haus und vielleicht auch für ihn persönlich (als Chef einer erfolgreichen Abteilung z.B.) letztlich in barer Münze auszahlt. Zeigen Sie ihm, daß Sie der Firma ein Vielfaches mehr einbringen, als diese für Sie ausgibt. Berufliche Erfolge sind dabei entscheidend. Darauf haben wir bereits hingewiesen. Sehr überzeugend wirken zukünftige positive Ergebnisse. Dazu ist es nötig, Ihre Leistungen so transparent wie möglich zu machen. Sehr gut wäre es, wenn Sie mit »knallharten« Zahlen argumentieren könnten, wie: »... Ich habe den Umsatz um 5 Prozent gesteigert ...«, »... die Kosten um 13 Prozent reduziert ...«, »... die Stammkundenzahl auf .... erweitert.«, usw.
- Denken Sie darüber nach, ob Sie an zukunftsträchtigen Projekten mitarbeiten, bei denen Sie zusätzlich Verantwortung übernehmen könnten. Dieser zukünftige Einsatz zählt noch stärker als bereits vergangene Erfolge. Denn dafür, so rechnet der Vorgesetzte, wurden Sie ja bereits bezahlt. Stellen Sie auch neu erworbene oder angestrebte Qualifikationen in den Vordergrund. Neue Kenntnisse zählen außerdem als stichhaltiges Argument für eine Aufbesserung von Lohn oder Gehalt. Allerdings sollten Sie bei der Darstellung Ihrer Leistungen auch nicht übertreiben. Verfallen Sie also nicht in einen Monolog darüber, was Sie im Leben schon alles erreicht haben

und noch leisten werden, sondern konzentrieren Sie sich auf die mit der Position unmittelbar verbundenen Fähigkeiten. Und bieten Sie Ihrem Chef unbedingt die Möglichkeit, einzuhaken und nachzufragen.

- Ihre Ausführungen müssen überzeugende (= dem Unternehmen gewinnverheißende) Argumente enthalten, die eine Gehaltserhöhung rechtfertigen. Überlegen Sie daher genau, welches Argument Sie zuerst nennen, also wie Sie Ihre Werbung in eigener Sache richtig starten.
- Hüten Sie sich davor, all Ihre Argumente auf einmal zu bringen, und das aus zwei Gründen:
  1. Beim nächsten Einwand geht Ihnen dann womöglich die »Munition« aus.
  2. Wenn Ihr Gegenüber nur ein wenig Verhandlungsgeschick hat, wird er sich das schwächste Glied aus Ihrer Argumentationskette herausgreifen und darauf »herumreiten«. Die anderen Punkte läßt er dann wahrscheinlich einfach unter den Tisch fallen. Und Sie stehen mit leeren Händen da.
- Bringen Sie Ihr stärkstes Argument erst am Schluß – sozusagen als Knalleffekt oder Joker, dann hat Ihr Gegenüber sehr wahrscheinlich seine wesentlichen Einwände schon bei der Diskussion um die etwas schwächeren Argumente vorgebracht. Gehen Sie also rhetorisch geschickt vor. (Lesen Sie dazu auch unseren »kleinen Rhetorikkurs«, S. 50 ff.)
- Sprechen Sie nicht über die Höhe der gewünschten Gehaltsaufbesserung, ehe Sie das nicht unbedingt müssen. Versuchen Sie, die Nennung der konkreten Zahl so lange wie möglich hinauszuzögern.
- Denken Sie daran: Der Ton macht die Musik. Verbissenheit in einer Gehaltsverhandlung bringt gar nichts und führt höchstens zu einer Verhärtung der Fronten. Auch wenn's schwerfällt: Freundlichkeit und die Fähigkeit, über sich selbst lachen zu können, läßt Sie sympathisch wirken und kann als echter Eisbrecher in einer festgefahrenen Situation fungieren.

- Schaffen Sie eine positive Gesprächsatmosphäre, indem Sie bei Übereinstimmung mit Ihrem Gesprächspartner dies deutlich zum Ausdruck bringen: »Stimmt. Das sehe ich genauso«; »Schön, daß wir in diesem Punkt übereinstimmen ...«
- Verläuft das Gespräch nicht nach Ihren Vorstellungen und sehen Sie Ihre Chancen förmlich dahinschmelzen, fordern Sie Vorschläge der Gegenseite ein, z.B.: »Welche Möglichkeiten sehen Sie denn, daß meine Erfolge für die Firma Anerkennung finden könnten?«
- Zeigen Sie, daß Sie gern in dem Unternehmen arbeiten, daß Sie im Interesse der Firma handeln und gerade deshalb am persönlichen Fortkommen interessiert sind.

3. Die Todsünden in der Gehaltsverhandlung vermeiden

Um den Erfolg Ihrer Gehaltsverhandlung nicht zu gefährden, sollten Sie folgendes unbedingt vermeiden:

- **Außerbetriebliche Gründe für die Gehaltserhöhung nennen**: »Alles ist teurer geworden; ich weiß gar nicht, wie ich meine Familie über die Runden bekommen soll. Sie wissen ja – der Kredit und dann die hohen Kosten ...« Jammereien wie diese bringen nichts, außer Minuspunkte bei der Gehaltsverhandlung. Sie werden schließlich nicht aus Mitleid bezahlt, und kein Unternehmen der Welt wird aus lauter Mitgefühl seinen Angestellten mehr Geld zahlen. Allein ausschlaggebend ist und bleibt Ihre Leistung.

- **Erpressungsversuche starten,** nach dem Motto: »Entweder ich kriege mehr Geld, oder ich gehe.« Diese Taktik kann bös nach hinten losgehen. Absehen von dem absoluten Ausnahmefall, daß die Auftragslage überragend, der Arbeitsmarkt leergefegt und Ihre Qualifikation unverzichtbar ist, bei dem diese Strategie funktionieren mag, sieht der Normalfall doch leider anders aus. Da kann es Ihnen passieren, daß Ihr Chef dann ganz anders als gewünscht reagiert, nämlich schlicht mit der plumpen Antwort: »Na, wenn das so ist, dann müssen Sie wohl gehen ...« Denken Sie daran, wohl niemand ist unersetzbar. Wenn Sie nach dem großspurigen Auftreten kleinlaut werden und doch bleiben, droht Gesichtsverlust, und Sie haben demonstriert, daß offensichtlich auch andere Chefs Ihre Leistungen nicht höher bewerten als Ihr eigener. Sonst hätten Sie ja eins der anderen »verheißungsvollen« Angebote wahrgenommen.

- **Vergleiche mit Kollegen anstellen:** »Meier ist nur halb so lange im Unternehmen und bekommt genauso viel Geld wie ich. Und die Schmidt arbeitet viel langsamer, trotzdem verdient sie mehr. Ich will auch mehr...« Auf Vergleiche dieser Art reagieren Vorgesetzte meistens allergisch. Lassen Sie diese deshalb besser bleiben. Sie schmälern Ihre eigene Position, wirken unsympathisch und neidisch. Außerdem fehlen Ihnen in der Regel die konkreten Einblikke, die einen wirklich objektiven Vergleich zulassen.

- **Vergleiche mit Konkurrenzunternehmen einbringen:** Sie sammeln nur Minuspunkte, wenn Sie z.B. darauf hinweisen, daß im Konkurrenzunternehmen XY den Mitarbeitern in ähnlicher Position mehr gezahlt wird. Man wird möglicherweise an Ihrer Loyalität gegenüber Ihrer Firma zweifeln und sich fragen, woher Sie diese Informationen haben und ob Sie womöglich Interna ausplaudern. Zudem müssen Sie bei einem solchen Vergleich mit der folgenden Antwort rechnen: »Dann frage ich mich, warum Sie noch bei uns arbeiten, wenn es woanders doch so viel besser ist.«

- **Falsche Reaktion zeigen**: Falls Ihr Chef Sie zunächst zwar lobt, dann aber Ihre Leistungen als selbstverständlich hinstellt, sind Sie gefragt: Wenn Sie hier »schlafen« und nicht die richtigen Argumente parat haben, vertun Sie Ihre Chance.

- **Ja-Aber-Antworten bringen**: »Das kann ja sein, aber ich finde ...« Vermeiden Sie es, so zu argumentieren. Damit versuchen Sie Ihr

Gegenüber herabzusetzen. Das schafft keine gute Atmosphäre, ebensowenig wie negative Äußerungen über Kollegen, das Haus etc.

- **Unzufriedenheit signalisieren:** Bringen Sie nicht Ihren Unwillen zum Ausdruck. Damit outen Sie sich unfreiwillig als potentieller Störenfried, der damit letztlich eher auf der Abschuß- als auf der Beförderungsliste landet.

- **Gruppenforderungen signalisieren**: Erwecken Sie in dem Verhandlungsgespräch nicht den Eindruck, als handle es sich bei Ihrer Forderung nur um die erste vieler folgender, vorgebracht von Ihren Kollegen. Ihr Wunsch nach höherer Bezahlung sollte individuell sein. Sonst bekommt es Ihr Vorgesetzter mit der Angst zu tun, weil er befürchten muß, daß eine wahre »Lawine« losgetreten wird. Damit tun Sie sich selbst keinen Gefallen.

- **Schwache Argumente einbringen**: Wenn Sie Gründe für die Gehaltserhöhung vorbringen, sollten diese schon Hand und Fuß haben. Leistung, neue Aufgaben, Verantwortung zählen, nicht aber der Grund, daß »meine letzte Gehaltsverhandlung schon Jahre zurückliegt«, oder: »Ich bin schon fünf Jahre in dem Unternehmen – da ist ja wohl eine Gehaltserhöhung oder Beförderung fällig.« Die Zeiten sind vorbei, in denen allein die Dauer der Betriebszugehörigkeit schon für eine Gehaltserhöhung oder den Aufstieg reichte.

- **Große Unsicherheit zeigen:** Leise Stimme, gesenkter Blick und viele vorsichtige Konjunktivformulierungen: »Wie wäre es, vielleicht könnten Sie sich vorstellen, mir unter Umständen, na sagen wir, etwas mehr Gehalt zu zahlen?« Daß Sie vor einem solchen Gespräch nervös sind, ist klar. Aber auffällige Unsicherheit spricht gegen Sie. Es scheint, als seien Sie selber nicht von sich und Ihrer Forderung überzeugt. Warum sollte es dann Ihr Gegenüber sein? Viel besser und überzeugender sind klare Aussagen wie: »Meine Fähigkeiten haben sich sehr gut entwickelt. Ich bin überzeugt, daß damit auch ein höheres Gehalt gerechtfertigt ist.« Versuchen Sie, durch gute Vorbereitung und bewußte Körpersprache Selbstsicherheit auszustrahlen (vgl. auch S. 59 zur Körpersprache).

- **Selbstüberschätzung signalisieren**: Wer zuviel fordert oder protzt, sowieso besser als alle anderen zu sein, der katapultiert sich selbst ins Aus. Überheblichkeit und Übertreibung führen nur dazu, daß Ihr Gegenüber sich sagt : »Jetzt erst recht nicht.«

- **Aggressionen zeigen**: Eine Ablehnung Ihres Geldwunsches ist kein Grund, ausfallend zu werden. Ein Nein ist zwar enttäuschend und ärgerlich, aber es sollte Sie nicht dazu veranlassen, die »Contenance« zu verlieren. Fragen Sie Ihren Chef statt dessen nach seinen Gründen und bitten Sie ihn um Tips, was Sie aus seiner Sicht ändern bzw. verbessern könnten. Versuchen Sie, ein ruhiges Gespräch darüber zu führen. Und: Eine Ablehnung ist kein Grund, sich für immer und ewig mit seinem Gehalt zufrieden zu geben. Versuchen Sie es nach einem halben bis einem Jahr wieder (siehe auch »Nach der Verhandlung«, S. 89).

4. Den Umgang mit Einwänden und Kritik lernen

Wenn Sie sich vorher intensiv mit Ihrem Gegenüber beschäftigt haben, dann fällt es Ihnen auch leichter, sich auf die möglichen Widerstände, Gegenargumente, Kritik seitens des Chefs vorzubereiten. Denn im Gehaltsgespräch geht es eben oft nicht nur um die Stärken des Arbeitnehmers, sondern auch um seine Schwächen. Rechnen Sie also mit kritischen Äußerungen. Haben Sie die potentiellen Reaktionen Ihres Vorgesetzten vorher bereits einmal durchdacht und im Geiste (noch besser: schriftlich) darauf Antworten gefunden, können Sie im Gespräch selber besser reagieren. Seien Sie darauf vorbereitet, daß Sie möglicherweise auch ein paar Dinge benennen können, die Ihnen im

Arbeitsalltag nicht gefallen. Dies sollten Sie aber sehr, sehr vorsichtig und mit einigem Fingerspitzengefühl tun, sonst kann die Stimmung ganz schnell umschlagen, und die Verhandlung ist vorzeitig beendet.

Bevor wir konkret auf die möglichen Einwände und Ihre Antworten kommen, folgen zunächst die wichtigsten rhetorischen Tips, die Ihnen helfen werden, geschickt auf die Widerstände zu reagieren.

Die Kunst des überzeugenden Argumentierens: ein kleiner Rhetorikkurs

Sicher können die folgenden Tips kein adäquater Ersatz für ein intensives, über Tage gehendes Rhetorikseminar sein. Aber wir möchten Ihnen an dieser Stelle einige rhetorische Finessen vermitteln, die Ihnen bei der Gehaltsverhandlung helfen können:

Vorab die Basisstrategie, die im Gehaltsverhandlungsgespräch bei wechselseitigem Frage- und Antwortspiel zum Erfolg führt:

- Sympathie, Vertrauen und Glaubwürdigkeit herstellen
- Informationsdefizite abbauen
- Übereinstimmungen deutlich werden lassen
- Ihre Persönlichkeit und Ihren Standpunkt überzeugend vertreten und rüberbringen

Auch wenn die Einwände gegen Ihren Gehaltswunsch nicht sofort deutlich formuliert werden: Auf der Arbeitgeberseite bestehen in der Regel immer Bedenken, Vorurteile, Zweifel, mit denen Sie rechnen müssen. In den seltensten Fällen wird Ihr Gesprächspartner Sie zu Ihrer Bitte beglückwünschen, nach dem Motto: »Schön, daß Sie endlich danach fragen. Wir dachten schon, Sie kommen gar nicht mehr ...«

Beim Umgang mit Einwänden bietet die Fünfsatz-Argumentation ein gutes gedankliches Rüstzeug:

1. Benennen Sie klar und kurz Ihren Standpunkt:
   »Ich bin davon überzeugt, daß meine Leistungen besser honoriert werden sollten.«
2. Präsentieren Sie Ihre Argumente:

An dieser Stelle sollten Sie Ihre Erfolge, Ihren besonderen Einsatz, ein erweitertes Aufgabengebiet etc. nennen.

3. Untermauern Sie dies durch möglichst konkrete Beispiele/Beweise: Nennen Sie Zahlen, Umsatzverbesserungen, Kosteneinsparungen, Projekterfolge ...
4. Begegnen Sie möglichen Einwänden, besser noch Sie kommen ihnen zuvor:
   »Sie werden jetzt denken ... Ich aber versichere Ihnen ...«
5. Ziehen Sie das Fazit:
   »Aus diesen Gründen (1. ..., 2. ..., 3. ...) bin ich überzeugt, daß es Zeit für eine Gehaltserhöhung ist.«

Wie bereits erwähnt: Denken Sie daran, daß bei mehreren Argumenten das beste am Schluß, das zweitbeste am Anfang stehen sollte.

Nehmen Sie die Chance wahr, dabei wirkungsvoll zu überzeugen. Das darf nicht bedeuten, den anderen »totzureden«. Ihr konstruktiver Umgang mit den Einwänden bringt mehr Punkte und läßt Sie vor allem sympathischer erscheinen als der vermeintliche argumentative Sieg. Begreifen Sie den vorgebrachten Einwand immer auch als Verständnishilfe, und unterstützen Sie das Orientierungsbedürfnis Ihres Gesprächspartners. Weitere Standardtechniken der Rhetorik sind

- die bedingte Zustimmung
- die Umformulierungsmethode
- die Verzögerungstaktik
- die Vorteil-Nachteil-Methode.

- *Die bedingte Zustimmung*
  Sie greifen einen Teilaspekt des vorgebrachten Einwands heraus, stimmen ihm aus taktischen Erwägungen (bedingt) zu, um daraufhin Ihren Standpunkt um so besser zu präsentieren. Im Anschluß daran relativieren Sie den vorgebrachten Einwand nun insgesamt und ... überzeugen. Beispiel: Der Interviewer wendet ein, es müsse gespart werden, deshalb sei eine Gehaltsaufbesserung nicht drin. Ihre mögliche Reaktion:

»Das ist ein wichtiger Punkt, den Sie da ansprechen. Es stimmt, da bin ich Ihrer Ansicht, daß wir sparen müssen. Ich habe ja bereits, wie Sie wissen, dazu beigetragen, daß die Kosten unserer Abteilung von... auf ... reduziert werden konnten. Finden Sie, daß man über diese Leistung einfach so hinweggehen sollte?«

»Nein, das sicherlich nicht ...«, wird die Antwort Ihres Gegenübers lauten.

»Sehen Sie, ich bin ganz Ihrer Meinung. ... Sie stimmen mir doch sicherlich zu, wenn ich sage, daß ... (z.B. Erfahrung, spezielle Kenntnisse, Erfolge) entsprechend honoriert werden sollten.«

- *Die Umformulierungsmethode*
  Hierbei wird der Einwand durch eine tendenziöse Umformulierung weitestgehend entschärft:

  »Wenn ich Sie richtig verstanden habe ..., kommt es Ihnen darauf an, für das Unternehmen die besten Bedingungen und Ergebnisse zu erzielen ...«

  Jetzt können Sie wieder Ihre Leistungen, Ihr Engagement und andere Kriterien in den Vordergrund rücken, die zeigen, daß Sie »am selben Strang ziehen« und bei all Ihrem Tun das Wohl der Firma im Auge haben.

- *Die Verzögerungstaktik*
  Sie signalisieren, den Einwand verstanden zu haben und bitten darum, zunächst noch dies und das ... sagen, erklären, zeigen, fragen zu dürfen, was Sie dann auch sofort tun und was die ganze Sache möglichst voranbringt. In jedem Fall kommt das Gespräch zu einem anderen Punkt, der den vorherigen Einwand hoffentlich vergessen macht oder ihn nicht mehr interessant erscheinen läßt:

  »Eine interessante Frage, kann ich aber zunächst noch einmal darauf hinweisen, daß ...«

Wenn Sie einmal studieren möchten, wie man diese Methode erfolgreich anwendet, schauen und hören Sie im Fernsehen mal ganz genau hin, wenn Politiker interviewt werden:

»Herr Wickert, ich bin Ihnen dankbar für diese Frage, nur lassen Sie mich zunächst noch auf diesen Punkt … eingehen …«

- *Die Vorteil-Nachteil-Methode*
  »Ich habe Sie doch richtig verstanden – bitte korrigieren Sie mich, wenn ich da jetzt irgendwie falsch liege – Sie meinen also: das Sparen ist in dieser schweren Zeit vorrangig. Da gebe ich Ihnen natürlich recht. Und es ist sicher von Vorteil, sich genau zu überlegen, wofür Geld ausgegeben wird. Es ist selbstverständlich für das Unternehmen von Nachteil, Geld so wie in konjunkturell besseren Phasen auszugeben, und deshalb wird man bei der Erhöhung von Gehältern eher zurückhaltend sein. Aus meiner Sicht aber hat das Unternehmen den Vorteil, durch mein Engagement Kosten zu sparen. Außerdem habe ich geholfen, die Gewinne zu erhöhen. Und das ist doch bedeutend. Der Nachteil für das Unternehmen wäre, etwas mehr Geld für mein Gehalt auszugeben. Der Vorteil, hier langfristig Kosten einzusparen und Gewinne zu erzielen, überwiegt meiner Ansicht nach gegenüber dem Nachteil einer Gehaltserhöhung.

  Hier nehmen Sie scheinbar den gebotenen Einwand auf, wägen Vor- und Nachteile ab. Da Sie das selbst formulieren, liegt das Ergebnis in Ihrer Hand und ist damit gut steuerbar. Dies hilft, Ihre Position auszubauen, und in dem Beispiel leiten Sie das Gespräch – nicht völlig uneigennützig – gleich weiter zu anderen argumentativen Positionen.

Die »beliebtesten« Bedenken und Widerstände der Chefs in der Gehaltsverhandlung

Im folgenden nun die von Chefs in Gehaltsverhandlungsgesprächen immer wieder vorgebrachten Einwände und Tips, wie Sie darauf am besten reagieren:

»Die Kassen sind leer ...«

→ Dies ist eine der häufigsten Abwehrstrategien, ebenso wie die Aussage: »Das können wir uns nicht leisten«. Nun leben wir auch noch in Zeiten mit besonders hoher Arbeitslosigkeit und unermüdlichen Sparappellen seitens der Unternehmer. Doch sollten Sie sich davon nicht gleich abschrecken lassen, sondern im Vorfeld die Bilanz des Unternehmens sorgfältig studieren. Schließlich ist es ein offenes Geheimnis, daß nicht nur die Zahl der Arbeitslosen Rekordmarken erreicht, sondern auch der Gewinn einiger Unternehmen.
Erwähnt seien hier nur die Boom-Branchen Automobil-, Pharma- und Chemische Industrie sowie Banken und Energieversorger. Wenn Sie also Ihrem Chef darlegen können, daß das Unternehmen im vergangenen Jahr soundsoviel Gewinn mehr gemacht hat, unter Umständen sogar expandierte und Sie an diesem Erfolg nicht ganz unbeteiligt sind, dann haben Sie schon viel bessere Karten.

»Glauben Sie wirklich, daß Ihre Leistungen eine so hohe Gehaltsforderung rechtfertigen?«

→ Mit diesem Einwand versucht man, Sie zu verunsichern und an Ihrem Selbstvertrauen zu kratzen. Hier kommt es drauf an, sich nicht ins Bockshorn jagen zu lassen. Fragen Sie konkret nach: »Ich wäre interessiert zu erfahren, womit Sie in letzter Zeit nicht zufrieden waren. Was stimmt nicht mit meinen Leistungen?«

»Da haben schon ganz andere Leute mehr Geld gefordert. Warum sollten wir ausgerechnet Ihnen mehr bezahlen?«

→ Wenn man Ihnen auf diese nicht gerade freundliche Art begegnet, heißt es: Ruhig Blut, überhören Sie die provozierenden Worte, und argumentieren Sie sachlich, nach dem Motto: »Ich habe mehr Geld verdient, weil ...« Also, lassen Sie sich nicht einschüchtern, und stellen Sie selbstbewußt Ihre Leistungen dar.

»Wir sollten das Gespräch um ein Jahr verschieben, fragen Sie dann noch einmal nach.«

→ Sie könnten argumentieren, daß Sie eigentlich vorhatten, schon im vergangenen Jahr nach einer Gehaltserhöhung zu fragen. Da jedoch noch zwei Abschlüsse von gewinnträchtigen Projekten ausstanden, haben Sie gewartet, bis Sie auch diese Erfolge vorweisen konnten. Deshalb möchten Sie nicht noch ein weiteres Jahr warten. Das klingt logisch und zeigt, daß man Sie so schnell nicht abspeisen kann.

»Eine Gehaltserhöhung gefährdet den Betriebsfrieden.«

→ Ein auf Chefseite auch sehr »beliebtes« Gegenargument ist diese Behauptung. Es sei gegenüber den Kollegen nicht gerecht, wenn Sie soviel mehr Geld bekämen. Dazu ist zu sagen, daß heutzutage weniger die Arbeit als vielmehr der Mitarbeiter eingestuft wird. Das Argument »Gleiches Geld für gleiche Arbeit« ist dann nicht mehr stichhaltig, wenn Mitarbeiter beispielsweise im Team verschiedene Aufgaben erfüllen. Deren unterschiedliche Qualitäten können durchaus unterschiedlich bezahlt werden. Das ist in vielen Firmen gang und gäbe. Sogar im öffentlichen Dienst wurde diese Differenzierung über verschiedene Erfahrungs- oder Erschwerniszulagen bereits eingeführt. Es empfiehlt sich allerdings, nur so auf diesen Punkt hinzuweisen, daß die eigenen Kollegen nicht herabgesetzt werden.

»Mehr kann ich Ihnen nicht geben; in dieser Position, die Sie innehaben, kann nicht mehr gezahlt werden.«

→ »Gut, dann sollte man vielleicht über eine Beförderung nachdenken. Meine Leistungen sind kontinuierlich besser geworden, ich habe entscheidende Erfolge erzielt, wie Sie auch bestätigt haben.

Welche Qualifikationen, welche zusätzlichen Leistungen wären noch nötig für eine Beförderung?« Auf diese Art und Weise haben Sie unterstrichen, daß Sie sich selbstbewußt einschätzen und sich nicht mit dem Status Quo zufrieden geben. Sie haben signalisiert, daß Sie gern zusätzliche Anstrengungen auf sich nehmen, um sich noch stärker für die Firma einzusetzen.

»Heute fragen Sie nach mehr Geld, und morgen kommt die ganze Abteilung.«

→ Hier tritt die Angst der Chefs zutage, mit Ihnen einen Präzedenzfall zu schaffen, so daß andere Kollegen – ermutigt von Ihrem Erfolg – auch Gehaltserhöhungen fordern könnten. Verweisen Sie darauf, daß Ihre Situation sich nicht auf die anderer Kollegen übertragen läßt. Außerdem werden Sie natürlich, das versteht sich von selbst, mit niemandem darüber reden. Absolutes Stillschweigen und Loyalität sind selbstverständlich.

»Ich werde mal sehen, was sich machen läßt. Sie wissen ja, Entscheidungen treffen hier im Haus allerdings ganz andere Leute.«

→ Sie könnten antworten, daß Ihr direkter Vorgesetzter Sie objektiv am besten beurteilen könnte. Deshalb hätten Sie ihn angesprochen. Außerdem wollten Sie ihn nicht übergehen. Sie würden es also sehr begrüßen, wenn er Ihre Gehaltsforderung an »höherer Stelle« angemessen zur Sprache bringt. Außerdem bieten Sie an, gern selber mit dem Geschäftsführer zu verhandeln. So schlagen Sie zwei Fliegen mit einer Klappe. Sie haben Ihren Chef nicht übergangen, machen aber deutlich, daß es Ihnen ernst ist und Sie nicht bereit sind, sich abwimmeln zu lassen, falls die Antwort lautet: Die da oben haben nicht zugestimmt.

»Was, noch mehr? Sie werden bei uns doch schon weit besser bezahlt, als es bei der Konkurrenz je der Fall wäre.«

→ Hier zahlt sich aus, wenn Sie sich eingehend auf das Gespräch vorbereitet und recherchiert haben, was wo gezahlt wird. Dann könnten Sie – sachlich und freundlich, versteht sich – antworten, daß Sie sich sehr wohl darüber informiert hätten, was anderswo gezahlt wird. Und deshalb seien Sie nicht der Meinung, daß in Ihrem Unternehmen über Durchschnitt gezahlt würde. Ihre Leistungen jedoch seien überdurchschnittlich, so daß sich das in der Bezahlung niederschlagen sollte.

»Nein. Gehälter in dieser Höhe sind in der Branche nicht üblich.«

→ Auch dies ist wieder eine Verunsicherungsstrategie, die Ihnen nichts anhaben wird, wenn Sie sich vorher informiert haben. Angenommen, Ihre Erkenntnisse beruhen auf echten Zahlen, können Sie antworten, daß Sie gerne darstellen möchten, auf welcher Grundlage Ihre Gehaltsforderung fußt, z.B. auf der aktuellen Veröffentlichung über die Branchendurchschnittsgehälter. Sagen Sie z.B.: »Ich weiß nicht, ob Sie diese schon einsehen konnten.« Sie zeigen so, daß man Sie nicht so leicht bluffen kann, und zum anderen bauen Sie Ihrem Gegenüber eine Brükke. Er könnte zumindest mit der Bemerkung einlenken, daß es wohl nicht die ganz aktuellen Zahlen waren, die er zur Verfügung hatte.

»Ich kann gar nicht verstehen, daß Sie mit einer solchen Forderung kommen, da Sie doch sonst jemand sind, den ich wegen seiner realistischen Art sehr zu schätzen weiß.«

→ Zuckerbrot und Peitsche, das ist hier die Taktik. Ein Lob, das Ihnen aber »um die Ohren gehauen wird«. Sie lassen sich nicht provozieren, bedanken sich für das Lob (hüstel, hüstel) und argumentieren folgendermaßen: »Eben weil ich realistisch bin, schätze ich ganz nüchtern ein, daß mein Engagement der Firma dazu verholfen hat, Gewinne zu machen und auch Kosten einzusparen. Das, so meine ich, sollte doch entsprechend honoriert werden.«

»Andere wären froh, wenn sie einen solchen Arbeitsplatz hätten wie Sie. Denken Sie nur an die vier Millionen Menschen, die keinen Job finden.«

→ Hier versucht man, Ihnen ein schlechtes Gewissen zu machen und mehr Dankbarkeit einzufordern. Eine hinterhältige Methode, um Sie von Ihren Forderungen abzubringen. Da Sie das Spiel aber durchschauen, werden Sie Ihrem Gegenüber nicht den »Gefallen« tun. Statt also auf diese Art von Argumentation einzugehen, bekräftigen Sie noch einmal, daß Ihre Leistungen und Erfolge eine bessere Honorierung rechtfertigen.

»Sie werden nicht damit zufrieden sein, was ich Ihnen als Gehalt anbieten kann – aber, leider, leider geht es nun mal nicht anders.«

→ Hier nimmt man Ihren Einwand schon vorweg. Man möchte bei Ihnen das Gefühl auslösen, es sei zwecklos, Argumente anzubringen. Lassen Sie sich nicht einschüchtern. Geben Sie Ihrem Gegenüber zunächst recht. »Ja, das stimmt, damit bin ich wirklich nicht zufrieden.« Und dann fügen Sie hinzu: »Trotz allem sollten wir versuchen, eine wirklich angemessene Lösung zu finden. Was gibt es da für Möglichkeiten?« Auf diese Art und Weise zeigen Sie, daß man Sie so schnell nicht zum Schweigen bringt. Sie könnten auch anfügen, daß Sie schon ein gewisses Verständnis mitbringen, aber dennoch sei es Ihnen wichtig, daß Ihre Leistungen angemessen entlohnt werden.

»Wer sagt mir, daß Sie sich nicht einfach ›einen faulen Lenz‹ machen, wenn Sie erst das höhere Gehalt haben?«

→ Eigentlich eine Frechheit, Ihnen so etwas zu unterstellen. Es spricht nicht gerade für Ihren Vorgesetzten, Ihnen diese Frage zu stellen. Trotzdem – bleiben Sie freundlich, gelassen und weisen darauf hin, daß er Sie doch mittlerweile gut genug kennen sollte, um einzuschätzen, daß Sie nicht der Typ Mensch sind, der sich auf seinen Lorbeeren ausruht.

Wenn Sie in der Verhandlung von Ihrem Chef mit wirklich merkwürdigen und unvorhersehbaren Einwänden konfrontiert werden, dann hilft ein kleiner Trick, etwas Zeit zu gewinnen: Fragen Sie noch einmal nach, wie etwas gemeint war, ob Sie richtig verstanden haben oder auch, »warum« Ihr Gegenüber etwas Bestimmtes fragt.

Die Beispiele veranschaulichen sehr deutlich, wie wichtig es ist, nicht unvorbereitet in ein solches Gespräch zu gehen. Die wichtigsten Erfolgsfaktoren auf einen Blick:

- Überzeugende Arbeitsergebnisse/Erfolge/besondere Leistungen
- Gesundes Selbstbewußtsein
- Positives Denken
- Gelassenheit
- Genaue Zielvorstellung
- Rhetorische Fähigkeiten

5. Die eigene Körpersprache kennen und bewußt einsetzen

Ein gesundes Selbstbewußtsein – darauf haben wir bereits mehrfach hingewiesen – ist wesentlich für den Erfolg in der Verhandlung. Dabei kommt es nicht nur darauf an, die Argumente in eigener Sache so zu vermitteln, daß Ihrem Gegenüber klar wird: Dieser Mitarbeiter ist sein Geld wert. Es gilt auch, mit der Körpersprache Selbstbewußtsein zu signalisieren. Denn Ihre äußere Haltung gibt sehr viel über Ihre innere Haltung preis. Experten schätzen, daß 65 Prozent der menschlichen Kommunikation sich auf körpersprachlicher Ebene, also nonverbal, abspielen.

Mit der Körpersprache drücken wir vor allem unseren Gefühlszustand aus. Den meisten Menschen ist gar nicht bewußt, daß sie mit dem Körper genauso deutlich »sprechen« wie mit Worten. Erhobener Zeigefinger, hochgezogene Augenbrauen, gerümpfte Nase und eine in Falten gelegte Stirn geben aber klare Signale.

Ihre verbalisierten Inhalte können noch so gut und wichtig sein –

wenn Ihre Körpersprache, also Blickverhalten, Gestik, Mimik, Körperhaltung, Sprechweise, Geruch und auch Ihre Kleidung einen anderen Eindruck erwecken, wirken Sie weniger oder sogar überhaupt nicht überzeugend.

Wenn Sie argumentieren, nehmen Sie auch Ihre Hände zu Hilfe. Eine aktive Gestik mit offenen Handflächen, zeigt, daß Sie »mit offenen Karten spielen«, nichts zu verbergen haben. Hüten Sie sich aber davor, ins Extrem zu verfallen und die Hände ständig in Bewegung zu halten. Sonst konstatiert man Ihnen möglicherweise statt selbstsicherer Aktivität nur nervöses Herumzappeln.

Engagement und Aufmerksamkeit demonstrieren Sie, indem Sie sich hin und wieder vorbeugen. Wie gesagt, hin und wieder, und bitte nicht in einer Haltung erstarren.

Versuchen Sie auch, sogenannte Übersprungshandlungen zu vermeiden. Gemeint sind die liebgewordenen Angewohnheiten, die wir gerade in komplizierten Situationen immer wieder an den Tag legen: mit einer Haarsträhne spielen, am Ring drehen, das Ohrläppchen zupfen etc. All das verrät nur, wie nervös Sie sind und steht in Widerspruch zu dem verbal zum Ausdruck gebrachten Selbstvertrauen.

Viele Vorgesetzte und Personalentscheider achten sehr genau darauf, wie Sie sich präsentieren. Lascher oder fester Händedruck, verstohlenes »Nach-unten-Schauen« oder ein offener, freundlicher Blick, hängende Schultern oder eine gerade Haltung? Sehr gerne hantieren einige Chefs auch mit Listen, aus denen sie schnell ablesen können, was eine bestimmte Haltung, Geste, Mimik usw. angeblich für eine Bedeutung hat. Ob die Körpersprache wirklich so einfach interpretierbar ist, wie sich das so mancher Hobbypsychologe wünscht, sei dahingestellt. Sie sollten sich jedoch bewußt machen, daß auch Ihre nonverbale Kommunikation beachtet wird. Allerdings halten wir wenig von einer durch und durch einstudierten Körpersprache – abgesehen davon, ließe diese sich wahrscheinlich auch nicht durchhalten, denn dazu steht sie zu sehr in Verbindung mit dem Unterbewußtseln.

Im folgenden eine Aufstellung von Körpersignalen und wie sie gedeutet werden können:

Körpersignal	Bedeutung
Blickverhalten	
Augen betont weit offen	Aufmerksamkeit, Aufnahmebereitschaft, Sympathie, Weltoffenheit signalisierend, Flirtverhalten
verengte Augenöffnung	Konzentration, Entschlossenheit, Eigensinn, Kleinlichkeit, überkritische Haltung
zugekniffene Augen	Abwehr, Unlust
gerader Blick	Offenheit, Gewissensreinheit, Vertrauen
schräger Blick	abschätzende Zurückhaltung
häufiger Blickkontakt	Sympathie
häufiges Wegsehen	mangelnde Sympathie oder Verlegenheit
auffällig häufiger Lidschlag	Unsicherheit, Befangenheit, u.U. nervöse Störung
Gestik	
übertrieben kräftiger Händedruck (»Knochenbrecher«)	Rücksichtslosigkeit, Angeberei
kräftiger Händedruck ohne Übertreibung	Aufrichtigkeit, Sicherheit
schlaffer Händedruck (»tote Hasenpfote«)	Unsicherheit, kontaktarm, leicht beeinflußbar
Hand wegziehend	Verschlossenheit
verschränkte Arme	
– bei Männern	Ablehnung, Verschlossenheit
– bei Frauen	Selbstschutz, Angst
Hand vor den Mund halten	
– während des Sprechens	Unsicherheit
– nach dem Sprechen	will das Gesagte zurücknehmen

Sprecher hält Armlehnen mit beiden Händen fest	Aggressivität, aber etwas unsicher, neigt zur Weitschweifigkeit
Kopf auf Hände stützen	Nachdenklichkeit, Erschöpfung, Langeweile
Spitzdach mit den Händen formen	Arroganz, Abwehr gegen Einwände
Hände reiben	Selbstgefälligkeit, Selbstzufriedenheit
spielende Hände	Zeichen von Erregung, Nervosität, Befangenheit, Angst, Verwirrung
mit dem Finger auf den Gesprächspartner zeigen	Angriff, Wut
Hand zur Faust verkrampfen	Wut, verhaltener Zorn
Anfassen der Nase	Nachdenklichkeit, kritische Haltung, Verlegenheit
über den Hinterkopf streichen, Zupfen an den Ohren	Verlegenheit, Unbehagen, Ärger
Streichen des Kinns	Nachdenklichkeit, Zufriedenheit
Finger zum Mund nehmen	Verlegenheit, Unsicherheit
mit den Fingern trommeln	Nervosität, Ungeduld
häufiges Spielen mit dem Ring	Eheprobleme, frustriert vom häuslichen Leben
häufiges Abnehmen der Brille	Ablehnung, Angriff, Nervosität

Mimik

offenes Lächeln	offene Heiterkeit, uneingeschränkte Mitfreude
gequältes Lächeln	Ironie, Schadenfreude, Blasiertheit, Ängstlichkeit
überwiegend geöffneter Mund	Mangel an Selbstkontrolle
zusammengepreßter Mund	Zurückhaltung, Reserviertheit, Verkniffenheit, Kontaktarmut
Mundwinkel nach unten	Bitterreaktion, Pessimist, depressiv
Mundwinkel nach oben	Aktivität bis Abwehr
Heben der Augenbrauen	Ungläubigkeit oder Arroganz

Körperhaltung

Achselzucken, die Handflächen nach außen	passive Hilflosigkeit
übereinandergeschlagene Beine – zum Gesprächspartner hin	Aufbau eines Sympathiefelds
– vom Gesprächspartner weg	Ablehnung, Unwillen
übergeschlagene Beine, Knie in die Hand gestützt	kritisch, skeptisch
dicht aneinandergestellte Füße beim Sitzen	schuldhafte Ängstlichkeit, Einzelgänger, überkorrekte Grundeinstellung
breit auseinanderklaffende Beine beim Sitzen	sorglose Unbekümmertheit, Rücksichtslosigkeit
friedlich ruhende Sitzhaltung	Selbstsicherheit, aber auch robuste Unbekümmertheit, seelische Erschöpfung
alarmbereite Sitzweise (auf dem Sprung sein)	Mangel an Selbstvertrauen und Sicherheit, auch Mißtrauen, innere Unruhe, Angst
Füße um die Stuhlbeine legen	Unsicherheit, Suche nach Halt
Füße nach hinten nehmen	Ablehnung
mit den Füßen wippen	Arroganz, Ungeduld, Sicherheit, Aggressivität
steife, militärische Körperhaltung, geziert aufrecht	Unterdrückung von Angst
breitbeinig dastehen, Daumen in die Achselhöhlen	Selbstsicherheit
den Oberkörper weit nach vorn lehnen	Interesse, Sympathie, Wunsch zu unterbrechen
den Oberkörper weit zurücklehnen	Desinteresse, Ablehnung

Sprechweise

lautstarke Stimme	Vitalität, Selbstbewußtsein, Kontaktfreude, aber auch Unbeherrschtheit, Geltungsdrang
leise, flüsternde Stimme	Schwäche, mangelndes Selbstbewußtsein, aber auch Sachlichkeit, Bescheidenheit
schnelles Sprechtempo	Impulsivität, Temperament, aber auch ungezügelt, nervös

langsames Sprechtempo	Antriebsschwäche, aber auch Sachlichkeit, Besonnenheit, Ausgeglichenheit
wechselndes Sprechtempo	innere Unausgeglichenheit
ausgeprägte Pausengestaltung	Disziplin, Selbstbewußtsein
starke Akzentuierung	Lebhaftigkeit, Gefühlsstärke
schwache Akzentuierung	Desinteresse, mangelnde geistige Flexibilität
Geruch	
parfümiert	werbend
überstark parfümiert	unsicher, vernebelnd
Schweißgeruch	ängstlich, unordentlich

Apropos Geruch: Anstrengende Gespräche wie z.B. eine Gehaltsverhandlung regen die Transpiration an. Peinlich, wenn man dann riecht, sich unwohl fühlt und Angst hat, daß der Gesprächspartner es auch bemerken könnte. Deshalb denken Sie daran, frisch gewaschene/gereinigte oder ausreichend gelüftete Kleidung anzuziehen. Achtung: Setzen Sie aus Angst vor Schweißgeruch nicht die große Parfumkeule ein. Ein leichter Hauch ist o.k., aber bitte nicht die halbe Flasche. Sie wollen ja niemanden betäuben. Ganz abgesehen davon, wird übermäßiges Parfümieren von vielen Menschen als lästig empfunden. Denken Sie daran, daß Sie selber Ihren bevorzugten Parfumgeruch nicht mehr so stark wahrnehmen wie Ihre Umgebung. Also: Weniger ist mehr.

Und noch ein Tip zum Schluß in Sachen Körpersprache: Selbstbewußtes, offenes Auftreten ist wichtig, das heißt aber natürlich nicht, daß Sie es übertreiben sollen und in eine zu lässige Haltung verfallen. Also besser kein Pokerface mit herablassendem Grinsen, kein demonstratives Zurücklehnen.

Vielleicht üben Sie das Verhandlungsgespräch mit einem Freund – wenn möglich mit Videokamera. Dann können Sie sich selbst einmal beim Argumentieren beobachten. Haben Sie keine Kamera zur Hand, bitten Sie Ihren Freund, Ihnen bei der Frage behilflich zu sein: Was kann ich an meinem »Auftritt« noch verbessern?

Vorsicht Falle beim übertariflichen Gehalt

Vorsichtig sollten Sie sein, wenn Sie ein übertarifliches Gehalt aushandeln wollen (und dazu wollen wir Sie natürlich ausdrücklich ermuntern). Viele Arbeitgeber rechnen den Anstieg des Tariflohns auf die außertarifliche Vergütung an. Die Folge: Sie verdienen dann unter Umständen jahrelang keinen Pfennig mehr – oder Sie müssen erneut in die Verhandlung treten. Ein Beispiel: Der Tariflohn beträgt 6000 DM monatlich, Sie aber erhalten 7000 DM. In folgenden Jahr wird das Tarifgehalt um 180 Mark erhöht. Statt einer Gehaltserhöhung bekommen Sie jedoch nur einen Brief von Ihrem Chef, der Ihnen mitteilt, daß sich der tarifliche Anteil Ihres Gehalts erhöht, dies jedoch keine Auswirkung auf Ihr Einkommen hat.

Besser schließen Sie durch eine möglichst deutlich formulierte Vertragsklausel aus, daß Sie Jahr für Jahr leer ausgehen. Die Klausel könnte dann lauten: »Das Gehalt wird den jährlichen Tariferhöhungen entsprechend angepaßt.« Verzichten Sie auch nicht auf diese Klausel, wenn Ihnen nur folgende Formulierung angeboten wird: »Das Gehalt wird jährlich/regelmäßig überprüft.« Das ist zwar wachsweich formuliert, gibt Ihnen aber immerhin die Möglichkeit, in dieser Sache beim Chef erneut vorstellig zu werden.

Probleme kann es beim übertariflichen Gehalt auch mit dem Weihnachtsgeld und anderen Zusatzleistungen (13. oder 14. Gehalt/Urlaubsgeld) geben. Steht nichts anderes im Vertrag, ist es nämlich durchaus möglich (und rechtens!), daß sich Ihr Arbeitgeber bei der Festlegung dieser Bezüge am Tarifgehalt orientiert. Das 13. Gehalt wird dann beispielsweise nur in der Höhe des Tarifgehalts ausgezahlt und nicht in der Ihres tatsächlichen, übertariflichen Einkommens. Sprechen Sie dieses Problem an, und lassen Sie entsprechende Ergänzungen in den Vertrag aufnehmen.

Um was noch verhandelt wird – Es muß nicht immer Bares sein

Geld allein macht nicht glücklich –
man braucht auch Aktien und Immobilien.
Baron Rothschild

Viele Firmen begegnen höheren Gehaltsforderungen nicht mit Geld, sondern bieten Ersatzleistungen, sog. *Fringe Benefits* an. Diese Zusatzleistungen können genauso oder sogar noch lukrativer sein als eine reine Gehaltserhöhung, weil sie häufig steuerfrei sind. Beispiel: Wer bislang 4000 DM verdient hat, dann eine Gehaltserhöhung von DM 400 erhält, bekommt tatsächlich aber nur 175 DM mehr überwiesen (Steuerklasse 1). Der Rest wird von Steuern und Abgaben gefressen.

Überlegen Sie daher gut, ob Sie nicht lieber die private Nutzung des Dienstwagens zum Verhandlungsgegenstand machen als eine Anhebung des Grundgehalts. Solche indirekten Vergütungen kann man im übrigen auch am Ende der Verhandlung noch etwas leichter als Sonderzugeständnisse durchsetzen. Wer eine Gehaltserhöhung erreichen will, ist gut beraten, die Möglichkeiten eventueller Zusatzleistungen auszuloten. Erfahrungsgemäß ist hier die Hemmschwelle der Chefs geringer, dem Mitarbeiter entgegenzukommen als bei einer monatlichen Anhebung des Salärs.

Fringe Benefits, die sich auch auf den privaten Bereich beziehen, waren lange Zeit eher nur für führende Positionen im Management üblich. Doch allmählich weichen die Grenzen etwas auf, die Möglichkeiten für »normale« Angestellte sind größer als vor einigen Jahren. Vielleicht kommen Sie auf den Geschmack?

Im folgenden als »Anregung« einige Fringe Benefits, die verhandelt werden können, z.B.:

- Umzugskosten
- Mietbeihilfen
- Fahrgeldzuschuß
- Besondere Vereinbarungen zum Kündigungsschutz
- Gesundheitscheck
- Weiterbildung
- Kreditkarten
- Sonderurlaubsregelungen
- Jahresabschlußprämie
- Aktien/Aktienoptionen
- Vergünstigter Kauf von im Unternehmen produzierten Waren/Personalrabatt
- Erholungskuren
- Kindergarten
- Nachhilfe für die Kinder
- Verlängerter Erziehungsurlaub
- Clubmitgliedschaften
- Finanzielle Unterstützung bei Freizeitaktivitäten
- Beteiligung an Telefonkosten
- PC/Fax/Internetzugang für zu Hause
- Notebook/Handy zur freien Verfügung usw.

Fringe Benefits können auch in Form einer Option auf Unternehmensaktien bestehen. Diese *Stock Options* sind in jüngster Zeit – in erster Linie für die Manager eines Unternehmen – ins Gespräch gekommen. Was in den USA längst gang und gäbe ist, wollen deutsche Führungskräfte auch für sich in Anspruch nehmen: Sie fordern, »daß deutsche Unternehmen ihre Vergütungssysteme in nächster Zeit stärker an amerikanischen Vorbildern orientieren«, so Ulrich Hartmann, Vorstandsvorsitzender der Veba AG.[17]

Stock Options, also Aktienoptionen, geben den Managern das

Recht, Anteile des eigenen Unternehmens zu kaufen – und zwar zu einem festgelegten Vorzugspreis. Manager halten diese Art der Entlohnung für ein gutes Instrument, ihre Leistung angemessen zu honorieren.[18]

Auch in der Bundesrepublik gibt es bereits Unternehmen, die Stock Options anbieten. Zusammen mit der Deutschen Bank gilt Daimler-Benz als Vorreiter dieser Bewegung und ist – so die Aktionärsvertreter Ekkehard Wenger, Professor für Wirtschaft und sein wissenschaftlicher Mitarbeiter Leonhard Knoll – auch ein Paradebeispiel für die Defizite dieses Programms.[19]

Stock Options gelten in den USA als das Nonplusultra der Topmanagervergütung. Die Annahme die hinter diesem Modell steht: »Wenn die Spitzenkräfte persönlich von steigenden Aktienkursen profitieren, ..., dann unternehmen sie alles, um den Firmenwert zu steigern.«[20] Die Führungselite in amerikanischen Unternehmen wird regelrecht mit Aktienoptionen überschüttet. Einige wurde dadurch zu Milliardären.

Ekkehard Wenger hält Stock Options für eine Mogelpackung. Dieses Instrument sei oft nichts anderes als eine Einladung zur Selbstbedienung. Wenger wirft den Topmanagern vor, daß sie zwar Gewinne wie Unternehmer einstreichen wollen, andererseits aber nicht bereit sind, auch am Verlustrisiko beteiligt zu sein.[21]

Stefan Winter, wissenschaftlicher Mitarbeiter am Institut für Management an der wirtschaftswissenschaftlichen Fakultät der Humboldt Universität Berlin, hat eine ähnlich kritische Haltung: »Stock Options bzw. Aktienoptionspläne, so die weit verbreitete Meinung, veranlassen das Management, Unternehmen im Sinne der Unternehmer zu führen. ... Ein Blick in die wissenschaftlichen Arbeiten zum Thema Aktienoptionspläne hingegen läßt jedoch zu Recht eine gewisse Skepsis aufkommen. Zunächst fehlt der Beweis, daß Unternehmen durch die Einführung von Stock Options für die Führungselite tatsächlich erfolgreich werden. Zwar gibt es Beispiele für erfolgreiche Unternehmen mit, aber auch für erfolgreiche ohne Stock Options. Zweifel an der Motivationswirkung dieser exklusiven Zugewinnmöglichkeit hierzulande für die Topetage kommen auch dann auf, wenn man die geschichtliche Entwicklung der Aktienoptionspläne in den USA betrachtet. Dort erfreuten sie sich plötzlich besonderer Beliebtheit nach der Einführung von Steuervergünstigungen in den 50er Jahren, die bis heute noch gelten und von daher den amerikanischen Erfolg erklären.

Aber auch vor dem Hintergrund von verhaltenswissenschaftlichen Forschungen muß die Brauchbarkeit von Aktienoptionsplänen zur Motivation von Managern angezweifelt werden. Es ist seit langem bekannt, daß Aktienkurse sehr stark von gesamtwirtschaftlichen Faktoren beeinflußt werden. In Boomphasen können damit selbst die Aktienkurse schlecht geführter Unternehmen steigen, während im Abschwung auch die Kurse der bestgeführten Unternehmen fallen. In einem Fall wird schlechtes Management belohnt, im anderen gutes bestraft. Der zur Motivation notwendige Zusammenhang zwischen Leistung und Belohnung ist damit nicht gegeben.

Schließlich verbleiben weitere Einwände, die gegen eine Einführung von Optionsplänen sprechen. Ein wesentlicher Nachteil sind die derzeitigen rechtlichen Regelungen zur Offenlegung aller Konsequenzen der Optionspläne. Es besteht die Gefahr, daß mittels Aktienoptionsplänen exorbitante Vergütungen durch die Hintertür eingeführt werden. Eine Auseinandersetzung darüber ist nicht möglich, da das realisierte Einkommen der Manager in Deutschland bisher nicht oder nur unzureichend ersichtlich ist.

Damit soll nichts gegen die grundsätzliche Idee marktwertorientierter Vergütungsformen gesagt sein. Allerdings ist die einfache Grundkonstruktion von Optionsplänen ungeeignet. Als Minimalforderung ergibt sich, daß die Aktienoptionspläne indexgebunden auszugestalten sind. Bei solchen Plänen verdient das Management immer nur dann, wenn die Marktwertentwicklung des Unternehmens besser ist als diejenige eines Vergleichsindex. Dabei ist es gleichgültig, ob der Index steigt oder fällt: Man muß nur besser sein. Dabei sind eindeutige Vorschriften zur Offenlegung der Optionspläne notwendig. Dazu gehört auch, daß die genaue Anzahl und die Konditionen von gewährten Optionsrechten veröffentlicht werden. Ferner sind Regelungen über die Behandlung von Dividendenzahlungen notwendig, denn bleiben diese bei der Festlegung des Bezugskurses unberücksichtigt, entsteht für das Management ein erheblicher Anreiz, Dividenden zu kürzen, um so durch das einbehaltene Geld den Marktwert des Unternehmens zu steigern. Unabhängig davon ist auch zu überlegen, ob die beabsichtigte Ausübung von Optionen vorher von den Führungskräften angezeigt werden muß, da ja ansonsten auch immer eine Gefahr des Mißbrauches von Insiderinformationen bestehen könnte.«[22]

Zusammengefaßt: Sich eine Strategie zurechtzulegen, mag sehr mühsam sein. Doch spätestens am Ende einer Verhandlung zeigt sich, daß es sich gelohnt hat, das Gespräch schon vorher gedanklich vom Einstieg über die Argumentation bis hin zu den möglichen Einwänden durchgespielt zu haben. Ihr Gegenüber spürt deutlich, daß es Ihnen ernst ist, und daß auch ein kräftiger Gegenwind Sie nicht gleich aus der Bahn wirft.

Gut, wenn Sie sich auch Alternativen zum »Baren« überlegt haben; so können Sie, wenn Ihr Vorgesetzter partout nicht mehr Geld zahlen will, auf andere Vergütungen ausweichen.

III Gehaltsverhandlung im Vorstellungsgespräch

Vielleicht verdirbt Geld tatsächlich den Charakter. Auf keinen Fall aber macht ein Mangel an Geld ihn besser.

John Steinbeck

Ausblick: Viele Bewerberinnen und Bewerber denken nicht daran, daß es im Vorstellungsgespräch auch um die Gehaltsverhandlung geht. Sicher steht zunächst im Vordergrund, sich gut zu verkaufen, um den Arbeitsplatz überhaupt angeboten zu bekommen. Aber nichtsdestotrotz erwarten Arbeitgeber durchaus, daß der potentielle neue Mitarbeiter bzw. die Mitarbeiterin mit ihm über das Gehalt verhandelt – vielleicht nicht gerade im ersten, aber mit Sicherheit in den nachfolgenden Vorstellungsgesprächen.

1. Vorüberlegung

Vor dem Hintergrund von Millionen von Arbeitslosen und dem von Unternehmerseite immer wieder betonten Zwang zum Sparen mag es schwerfallen, einem ermutigend verlaufenen Bewerbungsgespräch auch noch eine gewiefte Gehaltsverhandlung anzuschließen. Muß man nicht froh, ja geradezu dankbar sein, in Zeiten wie diesen überhaupt einen halbwegs akzeptablen Job ergattert zu haben? Macht man sich mit (zu hohen) Gehaltsforderungen unter Umständen nicht selbst den Arbeitsplatz zunichte? Gibt es überhaupt einen Verhandlungsspielraum für das Gehalt, oder steht nicht bereits von vornherein unabänderlich fest, was das Unternehmen zu zahlen bereit ist?

Diese Vorbehalte sind ebenso verständlich wie überflüssig. Wenn Sie sich um einen Arbeitsplatz bewerben und mit Ihrem künftigen Chef die Konditionen dafür aushandeln, geht es ausschließlich um diesen einen Arbeitsvertrag. Die schlechte Arbeitsmarktlage ist in diesem Fall nur eine psychologische Größe, die bestenfalls dem Arbeitgeber nützt, um den Verdienst seines Angestellten zu drücken. Aber seien Sie sicher, wenn er es sich nicht leisten könnte, Sie angemessen zu bezahlen, würde er die Stelle sicher nicht besetzen.

Die Erfahrung zeigt, daß Arbeitgeber nicht nur damit rechnen, daß der neue Mitarbeiter mit ihnen über das Gehalt verhandelt, sondern daß sie dies oft genug sogar ausdrücklich erwarten. Und nicht wenige Jobsuchende bringen sich um eine Anstellung, weil sie es versäumen, ihre finanziellen Interessen zum richtigen Zeitpunkt adäquat zu artikulieren.

Die Beziehung zwischen Arbeitgeber und Arbeitnehmer läßt sich am treffendsten als eine zwischen Käufer und Verkäufer beschreiben. Kommt es zum Geschäftsabschluß, verpflichtet sich der Käufer zur Zahlung eines bestimmten Preises an den Verkäufer, also an Sie, den Arbeitnehmer, der dafür die Erfüllung einer bestimmten Aufgabe garantiert. Das aber heißt: Nicht nur Ihre Qualifikationen und Fähigkeiten sind bei dieser Verhandlung von Interesse, sondern ebenso der Gegenwert, der Verkaufspreis, den Sie dafür aushandeln.

Momentan konkurrieren sehr viel Verkäufer auf diesem Markt miteinander, doch wenn Sie Ihr »Produkt« geschickt anbieten, können Sie auch einen guten Geschäftsabschluß erwarten. Durch einen »Preisnachlaß« schnell handelseinig werden zu wollen, kann dagegen sogar fatal sein.

2. Gelungener Einstieg

Zunächst ist wichtig, daß Sie sich Ihre Ausgangssituation selbstbewußt verdeutlichen: Sie haben sich um eine Stelle beworben, und man hat Interesse an Ihnen gezeigt. Sie kommen daher nicht als Bittsteller, sondern als eine der wenigen »auserwählten« Personen, die der Firma aus einer (Personal-)Verlegenheit helfen kann. Werden Sie sich aufgabenbezogen einig, muß »nur« noch der Preis festgelegt werden. Und diesen Preis können Sie viel häufiger zu Ihren Gunsten beeinflussen, als Sie bisher angenommen haben.

Zunächst ist es auch in dieser Situation wichtig, nicht zu früh auf das Thema Geld zu sprechen zu kommen. Wie in der Gehaltsverhandlung für die Position, die man bereits innehat, gilt auch im Vorstellungsgespräch für einen neuen Job die Regel: Fangen Sie niemals von sich aus an, über Geld zu reden. Das ist Aufgabe der anderen Seite. Möglicherweise wird das Gehalt ja auch erst im zweiten Auswahlgespräch verhandelt. Und sollte Sie jetzt die Befürchtung plagen, daß die Arbeitgeberseite das Thema überhaupt nicht anspricht, seien Sie versichert – sie wird es tun, ansonsten bringen Sie die Gehaltsfrage ins Gespräch und erkundigen sich, bevor Sie Ihre Zusage geben, wie der Job entlohnt wird.

Sicherlich ist es nicht ganz leicht für Sie, den Wert Ihrer Arbeitskraft realistisch einzuschätzen, wenn Sie z.B. als Bewerberin nach einer längeren Familienpause wieder in den Beruf einsteigen.

Wenn Sie Ihre Stelle wechseln möchten, haben Sie es einfacher: Ungefähr zehn bis etwa maximal zwanzig Prozent mehr, als Ihr derzeitiges Gehalt beträgt, dürfen Sie von Ihrem neuen Arbeitgeber verlangen. Begehen Sie dabei nicht den Fehler, bei der konkreten Nachfrage nach Ihrem aktuellen Gehalt zu sehr zu mogeln – Personalchefs wissen in der Regel, was anderswo gezahlt wird (und sehen, wenn Sie in der Mitte des Jahres wechseln, auch Ihre Lohnsteuerkarte!).

Wenn Sie Wiedereinsteiger/in sind, sollten Sie sich Informationen über die aktuellen Tarifgehälter und Sonderleistungen besorgen (s.S. 24 f.).

Gerade Frauen fällt es oft schwer, über den Wert ihrer Arbeitskraft und ihren Gehaltswunsch zu sprechen. Stärken Sie Ihr Selbstbewußtsein, und machen Sie sich vor der Verhandlung ganz klar, daß Sie nichts zu verschenken haben und daß Sie sich keinen Gefallen tun, wenn Sie zu große finanzielle Zugeständnisse machen.

Viele Frauen glauben, daß ihre Arbeitskraft weniger wert ist als die von Männern. Der Grund: Sie bringen vermeintlich weniger Energie in das Unternehmen ein, da sie eine Menge Kraft für die Familie aufwenden müssen. Befreien Sie sich von dieser Vorstellung! Erstens ist Ihre Familienarbeit von unschätzbarem Wert für die Gesellschaft, und zweitens gibt es keine Beweise dafür, daß Frauen mit Kindern in ihrem Beruf weniger leistungsfähig sind als Frauen ohne familiäre Verpflichtungen. Ganz im Gegenteil: Immer wieder zeigt sich, daß Frauen mit Kindern ein gutes Organisationstalent besitzen, was ihnen ermöglicht, ganz unterschiedlichen Anforderungen bestens gerecht zu werden. Und drittens: Bei etwas mehr Gehalt können Sie sich zu Hause bei Bedarf auch professionelle Unterstützung leisten.

3. »Was haben Sie bisher verdient?«

»Wie hoch ist denn Ihr jetziges Einkommen?« fragt die Personalchefin den Bewerber nach etwa 45 Minuten im Vorstellungsgespräch. Dieser hatte sich auf das Stellenangebot eines Hochbaukonzerns beworben. Gesucht wurde ein Bauingenieur mit spezieller Erfahrung im Brückenbau. Im Anzeigentext waren als Jahresanfangsgehalt 90.000 DM angeboten. Nicht zu Unrecht befürchtet der Bewerber, daß bei Nennung seines jetzigen Gehalts – knapp 60.000 DM, also gut 1/3 weniger als das Angebot dieses potentiellen Arbeitgebers – Zweifel an seiner Eignung für die neue gehobene Position auftauchen würden.

Die 60.000 DM Jahresgehalt waren für den Bewerber auch ein wichtiger Grund, sich nach einer neuen, besser bezahlten Position umzuschauen. Damals, vor dreieinhalb Jahren, noch quasi als Berufsanfänger, ein Jahr nach dem Hochschulabschluß, schien ihm die Bezahlung nicht so wichtig. Insbesondere das Aufgabengebiet bei der ersten Firma fand er seinerzeit attraktiv und den Einstieg wert.

Aus verschiedenen Gründen war für ihn der jetzige Zeitpunkt günstig, sich nach einer neuen Position in einem anderen Unternehmen umzusehen. Dem Bewerber war klar, daß er sich mit der Frage auseinanderzusetzen hatte, wieso er bisher für lediglich 60.000 DM Jahresgehalt gearbeitet habe. Er befürchtete nicht ohne Grund, daß die Konsequenz daraus bedeuten könnte, bei einem Wechsel mit etwa 75.000 DM »eingekauft« zu werden. 90.000 DM lagen also sehr deutlich über der Summe, die ein neuer Arbeitgeber in der Regel in Relation zum vorherigen Gehalt zu zahlen bereit ist.

Wichtig zu wissen: Die Frage nach der früheren Arbeitsvergütung ist aus juristischer Sicht eigentlich unzulässig, weil diese Information eventuell dem Arbeitgeber dabei hilft, die Lohnansprüche des Bewerbers zu dämpfen.

»Verrate mir dein Jahreseinkommen, und ich sage dir, was du wert bist.« Nicht selten versucht der potentielle neue Arbeitgeber, durch direktes Erfragen die aktuellen Jahresbezüge des Bewerbers in Erfahrung zu bringen. Grund dafür ist die Überlegung, daß ein Kandidat mit bisher 60.000 DM Jahreseinkommen nicht unbedingt auf einen Schlag einen so großen Gehaltssprung erwartet, sondern sicherlich auch mit weniger Geld zufrieden ist.

Dieser Kandidat – so der Gedankengang – wäre wahrscheinlich auch mit einer Steigerung auf 70 bis 75.000 DM einverstanden und damit für den Arbeitgeber »preisgünstiger« als ein anderer Bewerber. Aus diesem Grund findet sich – wie schon erläutert – bei Stellenangeboten häufig der Hinweis, man möge sich in seinem Bewerbungsschreiben auch zu seinen »Gehaltsvorstellungen« äußern.

Aber nicht nur bei einer größeren Differenz zwischen dem aktuellen und dem zu erwartenden deutlich höheren Gehalt des Bewerbers in der neuen Position gibt es Probleme, sondern besonders im umgekehrten Fall: Wenn also ein Bewerber aktuell z.B. 100.000 DM im Jahr verdient, sich nun aber, aus welchem Grund auch immer, neu orientieren möchte und sich auf ein Stellenangebot meldet, das pro Jahr nur 80.000 DM in Aussicht stellt, tauchen spezielle Fragestellungen auf.

Der potentielle Arbeitgeber wird sich über diesen freiwilligen Gehaltsverzicht wundern und den Bewerber möglicherweise nicht in die engere Wahl ziehen, da er davon ausgeht, daß bei einer Gehaltsverschlechterung die Motivation des Arbeitnehmers unzureichend sein könnte.

Nun mag es sowohl für den Arbeitnehmer als auch für den Arbeitgeber gute Gründe geben, die diese Annahme bestätigen. Eine allgemeine (negative) Aussage kann jedoch nicht gemacht werden. Sind Sie als Arbeitnehmer in der schwierigen Situation, wechseln zu wollen oder gar wechseln zu müssen, und sind Sie sogar bereit, einen gewissen Gehaltsabschlag dafür in Kauf zu nehmen, gehen Sie davon aus, daß man Ihnen mit Mißtrauen begegnet. Ein sogenannter Gehaltsabstieg ist unbedingt erklärungsbedürftig, besser jedoch, Sie geben die Information, daß Sie bereits deutlich mehr verdient haben, nicht weiter.

Geschicktes Taktieren

Es gibt also gute Gründe, einem potentiellen neuen Arbeitgeber das aktuelle Gehalt nicht sofort und nicht im Detail zu offenbaren. Sie haben zwei Möglichkeiten:

1. Sie versuchen, Ihr Gegenüber durch geschickte Manöver abzulenken.
2. Sie verweigern die Antwort – auf sehr freundliche Art und Weise, versteht sich.

Zunächst zum Ablenkungsmanöver: Wie Sie das am geschicktesten anstellen, soll folgendes Beispiel demonstrieren:

»*Wie hoch ist Ihr Einkommen zur Zeit?*« fragt die Personalchefin den Bewerber.

»Ich kann mir gut vorstellen, mit den von Ihnen im Inserat angebotenen 90.000 DM p.a. zunächst auszukommen«, antwortet der Bewerber.

»*Wie darf ich das verstehen, wie meinen Sie das?*« fragt die Personalchefin, die das »zunächst« nicht überhört hat.

»Wenn ich ›zunächst‹ gesagt habe, dann gehe ich davon aus, daß sich im Laufe der Zeit vielleicht Gehaltserhöhungen ergeben werden.«

»Aber sicher doch, selbstverständlich«, bemerkt die Personalchefin, *»wenn Sie die entsprechende Leistung bringen«*, und sie setzt noch einmal nach: *»Wie sieht denn Ihr aktuelles Monatseinkommen aus?«*

»Nun also, meine Jahresbezüge bei meinem jetzigen Arbeitgeber unterscheiden sich schon etwas von dem, was Sie in Ihrem Angebot benannt haben. Gibt es bei Ihnen im Hause bereits Vorstellungen, wann Sie bereit wären, über eine Gehaltsverbesserung nachzudenken – also z.B. im Anschluß an die Einarbeitungszeit oder erst nach einem Jahr?«

Wieder ist die Personalchefin beschäftigt und hoffentlich abgelenkt. Es ist nicht unwahrscheinlich, daß es dem Bewerber auf diese Weise gelingen könnte, das Gespräch von der Frage nach seinen aktuellen Bezügen wegzuführen, ohne sich offenbart zu haben bzw. wirklich lügen zu müssen.

Das Beispiel zeigt, daß es durchaus ohne größere Schwierigkeiten gelingen kann, sich beim Thema »aktuelles Gehalt« im Vergleich zum neuen Gehalt nicht sofort in die Karten schauen zu lassen.

Natürlich kann man als Bewerber auf die direkte Frage nach den aktuellen Bezügen nur sehr schlecht die Antwort verweigern, sozusagen den »stummen Fisch« markieren. Andererseits sitzt Ihnen weder ein Steuerfahnder gegenüber noch Ihr Steuerberater, so daß Sie die Summe sehr wohl etwas großzügiger auf- bzw. abrunden können. Sie können auch ggf. auf weitere Vergünstigungen, Sozialleistungen besonderer Art, Extras usw. hinweisen, oder diese überschlagsartig miteinrechnen, um den Jahreseinkommensbetrag schön rund zu präsentieren.

»Ich erwarte im Jahr mindestens 90.000 DM«, wäre auch eine Antwortmöglichkeit auf die Frage nach den konkreten Jahresbezügen.

Und nun zur zweiten, oben bereits angesprochenen Möglichkeit, wie Sie sich bei der Frage nach Ihrem Einkommen möglichst geschikkt aus der Affäre ziehen können: Der Hinweis (ob es stimmt oder nicht, spielt gar keine Rolle), man habe sich vertraglich verpflichtet, über sein aktuelles Gehalt bei der Firma XY Stillschweigen zu bewahren – dafür werde die Personalchefin doch sicherlich Verständnis haben –, wirkt Wunder und läßt selbst den unnachgiebigsten Personalchef relativ schnell verstummen. Wenn Sie dann noch andeuten, daß sich Ihr Jahreseinkommen beispielsweise auf die 80.000 DM zubewegt – ein sehr dehnbarer Begriff – zeigen Sie bei aller Loyalität Ihrem jetzigen Arbeitgeber gegenüber gleichzeitig wieder Kooperationsbereitschaft gegenüber dem potentiellen neuen. Auf diese Weise erreichen Sie auch Ihr Ziel.

Sie können natürlich auch darauf hinzuweisen, daß Sie sich zu einem solch frühen Zeitpunkt nur ungern schon zu dem Gehaltswunsch äußern möchten. Wichtiger wäre Ihnen, zunächst die Sachfragen, Arbeitsaufgaben, Verantwortungsbereiche etc. zu klären.

4. »Wieviel soll es denn sein?«

Es liegt auf der Hand, daß ein Arbeitnehmer, der seinen Arbeitsplatz wechseln möchte, damit die Hoffnung verbindet, auch sein Einkommen zu verbessern. Insbesondere bei einer stärker ausgeprägten Karriereorientierung ist ein Wechsel, der sich positiv auf Ihre Bezüge auswirkt, konsequent. Eine Verbesserung von etwa 10 bis 15 Prozent ist dabei der Regelfall.

Sollte sich Ihr Gehalt bei einem Arbeitsplatzwechsel jedoch um weniger als zehn Prozent verbessern oder gar verschlechtern, erzeugen Sie als Kandidat Mißtrauen (Hintergedanken: Was motiviert den Bewerber wirklich, welche Probleme hat er am jetzigen Arbeitsplatz, daß er für nur fünf Prozent mehr Gehalt bereit ist, zu wechseln?)

Wer dagegen gleich zwei oder mehr Stufen auf einmal nehmen will und einen Wechsel anstrebt, der mehr als 25 Prozent Steigerung einbringen soll, provoziert Fragen seines potentiellen neuen Arbeitgebers, ob er das Geld auch wirklich wert ist, bzw. ob nicht etwas weniger auch ausreichend wäre. Begründet wird diese Argumentation mit Hinweisen auf das Alter, Erfahrung, Einarbeitungszeit u.ä. Auf jeden Fall lassen sich immer Gründe ins Feld führen, warum Sie nicht der richtige, der ideale Kandidat für diese Position sind.

Oftmals finden diese Überlegungen bereits beim Bewerber selbst statt, der mit 60.000 DM Jahresgehalt vor Anzeigen zurückschreckt, die ihm 80.000 DM anbieten, obwohl der beschriebene Arbeitsplatz durchaus seiner Qualifikation entspricht. Hier verhindert die »Schere im Kopf« bereits bei vielen Bewerbern eine deutliche Gehaltsweiterentwicklung.

Ob Sie nach der Maxime handeln: »Qualität ist kein Zufall und hat ihren Preis« (Sie wissen ja: »Es war schon immer etwas teuer, einen besonderen Geschmack zu haben ...«) oder eher nach dem Grundsatz »Bescheidenheit ist eine Zier«, bestimmen zunächst einmal Sie selbst. Erfahrungen zeigen: Wer sich als Bewerber eindeutig unter Wert anbietet, erfährt keine hohe Wertschätzung. Eine zu niedrige Summe zeigt nur, daß Sie Ihren Marktwert nicht kennen und sich also nicht ausreichend informiert haben. Sie schaden sich damit nur selbst. Sollten Sie beispielsweise im Verkauf tätig sein, könnte Ihnen eine zu nachgiebige Haltung sogar eine Absage einbringen. Niemand wird Ihnen zutrauen, für die Firma gute Konditionen erzielen zu können, wenn dies Ihnen nicht einmal in eigener Sache gelingt. Setzen Sie das Wunschgehalt zu niedrig an, wird der Arbeitgeber möglicherweise den Rückschluß ziehen: Der braucht einen Arbeitsplatz um jeden Preis. Wahrscheinlich nimmt ihn niemand.

Um selbstbewußter an die Gehaltsverhandlung heranzugehen, sollten Sie das Ganze einmal aus einer anderen Perspektive betrachten: Schließlich ist es in aller Regel die Firma, die mit ihrer Stellenanzeige auf ihr Problem aufmerksam macht. Und Sie haben sich gemeldet, weil Sie bei der Lösung behilflich sein können. Also: Über das Gehalt zu verhandeln ist ebenso normal wie das Gespräch über die Anforderungen des zu besetzenden Arbeitsplatzes. Manch ein Chef erwartet diese Verhandlungskompetenz sogar, und zu große Passivität Ihrerseits kann Ihnen negativ ausgelegt werden.

Andererseits sollten Sie natürlich auch vermeiden, zu sehr »in die Vollen« zu gehen: Wer sich überschätzt, hat es sicher auch nicht leicht, aber es ist oftmals einfacher, einen Kredit über zehn Millionen DM zu bekommen als einen über 100.000 DM. Fazit: Nennen Sie also eher einen zu hohen Preis als einen zu niedrigen. Herunterhandeln lassen können Sie sich immer noch. Aber einen selbst genannten Betrag nach oben hin zu verändern ist so gut wie unmöglich.

Außerdem ist bei einer zu niedrigen Forderung noch etwas anderes zu bedenken: Ist Ihr Gegenüber geschickt, wird er an der zu geringen Gehaltsforderung auch Ihr mangelndes Selbstvertrauen ablesen und dann vielleicht versuchen, das Gehalt noch mehr zu drücken. Denn er weiß, Sie haben keinen blassen Schimmer, was man eigentlich verlangen kann, oder Sie trauen sich nicht, Ihr Recht einzufordern.

Übrigens sollte es Sie skeptisch machen, wenn Ihr Gesprächspartner ohne mit der Wimper zu zucken direkt auf Ihren Gehaltswunsch eingeht. »Schön – wann können Sie anfangen?« Das ist das untrügliche Zeichen dafür, daß Sie zu niedrig gepokert haben. Ihr Gegenüber wird sich freuen, eine gute Fachkraft so billig eingekauft zu haben. Einzige Rettung: Sie sprechen über die Steigungsrate nach Ihrer Probe-/Einarbeitungszeit im nächsten Jahr oder über andere Extras.

»Verhandeln Sie noch mit anderen Firmen?« Auch das werden Sie möglicherweise im Vorstellungsgespräch vom Personalchef gefragt, um herauszufinden, wie schnell eine Entscheidung fallen muß – und natürlich, um so einen Rückschluß auf Ihren Marktwert als Bewerber zu erhalten. Am besten antworten Sie nur recht vage darauf. Auf keinen Fall sollten Sie konkret Unternehmen nennen, mit denen Sie wirklich in Verhandlung stehen. Vollends zu fabulieren ist allerdings auch nicht der beste Weg. Geschickter ist es, mit dem Hinweis auf Diskretion und Verständnis lästige Nachfrager in die Schranken zu verweisen.

Um dem eigenen Marktwert gerecht zu werden, empfiehlt sich vielleicht ein Hinweis wie z.B.: »Ich habe noch ein Gespräch außerhalb ... bei einer sehr kleinen Firma ... in einer etwas anderen Branchenausrichtung als der Ihres Unternehmens ...«, dies betont auch, daß man es vorziehen würde, hier bei dieser Firma seinen neuen Arbeitsplatz einzunehmen.

Egal welche (Fang-)Fragen, Taktiken oder Vorgehensweisen Ihr Gesprächspartner wählt: Lassen Sie sich niemals zu impulsiven Äußerungen verleiten, egal ob positiv oder negativ. Mit negativen Statements (»Eine Versetzung in eine andere Stadt kommt für mich überhaupt nicht in Frage«) katapultieren Sie sich leicht aus dem Bewerbungsverfahren, und das womöglich zu einem Zeitpunkt, an dem noch nicht alle Möglichkeiten ausgelotet sind.

Irgendwann ist wirklich alles besprochen, und wenn die Sache für Sie günstig steht, dann steht die Frage nach dem Gehalt unvermeidlich an. Spätestens zu diesem Zeitpunkt sollten Sie eine klare Vorstellung von dem haben, was Sie verdienen möchten, denn viel Zeit für lange Überlegungen werden Sie höchstwahrscheinlich nicht mehr haben. Vermutlich erklärt Ihnen der Arbeitgeber: »Ich biete Ihnen die Stelle an, das Gehalt ist soundso hoch, nehmen Sie an?« Jetzt noch auf eine Hinhaltetaktik zu setzen, wäre falsch und könnte Ihnen schaden. Sie sollten sich vorher schon einige Dinge klargemacht haben.

Frage Nummer eins: Was ist das für ein Unternehmen, in dem Sie sich beworben haben? Ist es eine kleine, aber möglicherweise sehr flexible Firma in einer Wachstumsbranche (Computerfirma, Werbeagentur)? Ist man an Ihrer Person interessiert, oder sucht man eine Arbeitskraft, die eine genau definierte Position ausfüllen soll? Im ersten Fall können Sie mit einer größeren Bandbreite möglicher Zugeständnisse rechnen. Sind die Möglichkeiten, über eine bestimmte Summe zu verhandeln, weniger groß (zum Beispiel im öffentlichen Dienst), können Sie bei entsprechendem Interesse an Ihrer Person eventuell eine großzügigere Anrechnung von Dienstjahren erreichen und so gleich in eine höhere Gehaltsstufe eingestuft werden.

Vor allen Dingen sollten Sie aber spätestens jetzt genau wissen, was Sie wollen. Warum wollen Sie diesen Job unbedingt haben? Etwa weil er viel interessanter ist als alle anderen Angebote oder weil Sie sich hier die besten Aufstiegschancen ausrechnen oder schlicht und einfach, weil Sie schon lange arbeitslos sind? Dann kann es ratsam sein, nicht allzu hoch zu pokern. Denn mal ehrlich: Wenn es um den Traumjob geht, dann sind ein paar Mark mehr oder weniger nicht so wichtig. Das sollten Sie aber unbedingt nur sich selbst klar machen. Sobald der Arbeitgeber merkt, daß Sie wirklich extrem an dem Arbeitsplatz interessiert sind, könnte sein Entgegenkommen geringer werden.

Haben Sie dagegen mehrere Eisen im Feuer und sind Sie sich nicht sicher, ob Sie in dieser Firma wirklich anfangen wollen, können Sie ohne weiteres probieren, noch ein paar Zugeständnisse herauszuhandeln. Das kann für Gehaltsverhandlungen andernorts schließlich nur von Vorteil sein. Unklug wäre es allerdings auch hier, einfach seine Forderung zu stellen und mit einem Schulterzucken die Arena zu verlassen, wenn Sie sich nicht hundertprozentig durchsetzen. Den Chef so richtig in die Knie zwingen zu wollen, ist ein albernes Ziel. Bei ideal verlaufenden Verhandlungen gibt es nämlich immer zwei Sieger: Wenn beide Seiten den Eindruck gewinnen, das Optimale für sich erreicht zu haben, ist dies der beste Beginn für Ihr neues Arbeitsverhältnis.

Das neue Gehalt wird wie bei jeder Preisverhandlung irgendwo in der Mitte zwischen dem Angebot des Arbeitgebers und den Vorstellungen des neuen Mitarbeiters liegen. Sie sollten also vorher schon in Gedanken einen finanziellen Rahmen abstecken und sich überlegen, was Ihr (realistisches) Traumgehalt wäre und wo die unterste Grenze dessen liegt, was Sie noch akzeptieren können und wollen (siehe auch das Kapitel zur Vorbereitung, S. 21 ff.).

Spätestens jetzt geht es also um Zahlen. Gut möglich, daß man Ihnen eine Summe nennt, ebenfalls denkbar, daß man Sie nötigt, zuerst einen Vorschlag zu machen. Das wäre, wie bereits ausgeführt, die ungünstigere Alternative, muß Sie deshalb aber nicht entscheidend schwächen. Wichtig: Benennen Sie eine Spanne und verhandeln Sie in dieser Situation immer Ihr Jahresbruttoeinkommen, z.B.: »Ich denke an 90 bis 100.000 Mark Jahresbruttogehalt.«

Sie sollten jedoch auf jeden Fall damit rechnen, daß Ihre Forderung als zu hoch angesehen wird. Reagieren Sie trotzdem nicht gereizt, enttäuscht oder gar verschreckt auf eine negative Reaktion. Fragen Sie freundlich zurück: »Um wieviel weniger als xyz hatten Sie sich mein Gehalt vorgestellt?« Bleiben Sie weiterhin interessiert, und machen Sie sich klar, daß es um die gemeinsame Lösung einer Frage geht und nicht darum, die Konditionen einer Lösegeldübergabe auszuhandeln.

Ist man sich über die Summe einig, können Sie noch versuchen, weitere Details zu regeln, etwa einen eventuellen Aufschlag nach Ende der Probezeit und/oder eine verkürzte Probezeit, Weiterqualifizierungsmöglichkeiten, Zuschüsse etc. (s.S. 67). Allerdings sollte das Ganze nicht so wie ein Weihnachtswunschzettel klingen. Gehen Sie mit Fingerspitzengefühl an die Sache heran, und stecken Sie lieber einmal etwas zurück, wenn Sie den Eindruck haben, daß Sie den Bogen überspannen.

Und noch ein abschließender Tip: Sehr beliebt vor allem unter Personalchefs ist die allgemein-philosophisch anmutende Frage: »Was bedeutet Geld für Sie?« Geradezu instinktiv betonen die meisten dann, daß ihnen Geld gar nicht so wichtig ist, daß es ihnen eher um das eigene Fortkommen geht oder ähnliches. Falsch! Diese Antwort glaubt Ihnen niemand, dennoch wird Ihr Gegenüber daraus gerne ein niedrigeres Gehalt für Sie ableiten. Besser wäre es, etwa so zu antworten: »Geld ist schon sehr wichtig für mich, insbesondere als angemessene Honorierung meiner Leistungen. Ich finde, das sollte man ehrlich zugeben können. Schließlich kann eine Firma ohne ordentlichen Gewinn auch nicht existieren.«

IV Nach der Uni an den Arbeitsplatz - Tips für Berufseinsteiger

Als Gott die Gehälter der Mitarbeiter dieses Raumes sah, drehte er sich um und weinte bitterlich.

Bürospruch

Mit der Einladung zu einem Vorstellungsgespräch haben Sie einen wichtigen Teil Ihres Bewerbungsvorhabens erfolgreich absolviert. Worum geht es jetzt, und worauf kommt es an? Arbeitsplatzvergeber wollen im Vorstellungsgespräch wissen, ob Sie als Bewerberin bzw. Bewerber zum Unternehmen und in das vorhandene Team passen. Dabei geht es um persönliche und arbeitsplatzdefinierte Eignungsmerkmale, die im Vorstellungsgespräch überprüft werden sollen (Näheres dazu finden Sie z.B. in unserem Ratgeber *Neue Bewerbungsstrategien für Hochschulabsolventen*. Eichborn, Frankfurt 1996). Sehr wahrscheinlich wird es in diesem Gespräch, möglicherweise aber auch erst in einem zweiten, um die Gehaltsfrage gehen.

Die Gehaltsverhandlung ist für Sie als Berufseinsteiger noch etwas schwieriger als für den gestandenen Arbeitnehmer mit der Erfahrung einiger Berufsjahre. Nichtsdestotrotz gelten auch für Sie als »Neuling« die Tips, die wir schon vorher gegeben haben. Deshalb nur in aller Kürze hier die wichtigsten Regeln:

Bereiten Sie sich eingehend vor. Recherchieren Sie Ihren Marktwert. Versuchen Sie herauszufinden, was üblicherweise für die Position, die Sie anstreben, gezahlt wird. Und überlegen Sie sich genau, welche Leistungen Sie hervorheben sollten, wie Studienergebnisse, Praktikumserfahrungen, Weiterbildungskurse, Mitgliedschaft z.B. in einem Berufsverband etc. Je nachdem, welche Qualifikationen oder sogar Vorerfahrungen Sie einbringen können, und welche zukünftigen Leistungen Sie glaubwürdig in Aussicht stellen, wird die Darstellung dieser Aspekte eine wesentliche Auswirkung auf Ihre Gehaltswünsche haben.

Auf jeden Fall gilt auch: Nicht zu früh und nicht von sich aus auf das Thema Gehalt zu sprechen kommen. Werden Sie gefragt, was Sie verdienen möchten, geben Sie den Ball zurück. Bitten Sie Ihren Gesprächspartner, Ihnen ein Angebot zu machen. Sie könnten damit argumentieren, daß er ja besser einschätzen kann, welche Aufgaben die Stelle genau umfaßt und deshalb auch, was sie sozusagen wert sei. Wird Ihnen eine Gehaltsspannbreite genannt, ordnen Sie sich am oberen Spektrum ein. Ist Ihr Gegenüber nicht gewillt, darauf einzugehen, versuchen Sie alternativ mehr für sich »rauszuholen«, z.B. könnten Sie darum bitten, nach der Probezeit neu zu verhandeln und/oder die Probezeit zu verkürzen.

Lenken Sie niemals zu früh ein. Demonstrieren Sie Selbstvertrauen, bleiben Sie beim Thema. Das wird honoriert werden – schließlich möchte man eher auf Mitarbeiter setzen, die sich selbst etwas zutrauen und auch bei einem schwierigen Thema am Ball bleiben.

Natürlich versteht es sich von selbst, daß dem Hochschulabsolventen nicht gleich die große Karriere und das damit verbundene »große Geld« angeboten wird. Die Einstiegsgehälter für Jungakademiker bewegen sich etwa zwischen 55 und 75.000 DM/Jahr. In wirtschaftlich schwierigen Zeiten wie diesen, gibt es Unternehmen (insbesondere kleinere), die auch dem Bewerber einmal einen Aufgabenbereich mit einem Gehalt von 50.000 DM und weniger anbieten. Bisweilen werden aber auch 80.000 DM als Einstiegssalär von namhaften Unternehmensberatungsgesellschaften in Aussicht gestellt, bei denen der junge Hochschulabsolvent vielleicht schon für die Hälfte arbeiten würde, weil es seinem beruflichen Fortkommen dient. Wehe, wer in einem solchen Fall mit seinen Gehaltsvorstellungen daneben liegt und sich deutlich »unter Preis« anbietet.

Bei etwa 60 Prozent aller Einstiegsverträge liegt die vereinbarte Summe jedoch immer noch zwischen 60 und 70.000 DM. In der Industrie wird deutlich schlechter gezahlt, der Bankenbereich gilt als stabil und die Versicherungsbranche verhält sich eher sparsam. Der Handel gilt als geizig, und Dienstleister zahlen sehr unterschiedlich, haben die größte Spanne (von unter 50 bis knapp über 90.000 DM).

Nicht ganz unwichtig ist auch, was der Bewerber an Voraussetzungen mitbringt. Es zählen erste berufliche Erfahrungen, Praktika, Abschlußnote, Semesterzahl etc., nicht zu unterschätzen sind aber auch die Faktoren Gesamtpersönlichkeit, Leistungsmotivation und natürlich die Fachrichtung des Bewerbers. Last but not least gibt die Branche, in der man sich bewirbt, die Tonart im finanziellen Sinne vor. Allzuviel Spielraum für Neueinsteiger gibt es nicht. Verdeutlichen Sie aber Ihrem Arbeitgeber in jedem Fall, daß Sie nicht bereit sind, sich unter Wert zu verkaufen. Den richtigen Preis für Ihre Leistung zu bestimmen, ist eine Aufgabe, die zu den wichtigsten Vorüberlegungen gehört. Daß es da unterschiedliche Auffassungen gibt, liegt in der Natur der Sache.

Zusammengefaßt: Nur wer sich eingehend informiert, kennt die Marktlage, wird realistisch einschätzen, wieviel Geld er als Bewerber um einen Arbeitsplatz fordern kann. Neben der ausführlichen Recherche ist beim Arbeitsplatzwechsel bzw. beim Berufseinstieg wichtig, daß Sie sich nicht unter Preis verkaufen. Wer vorher bereits gearbeitet hat, sollte sehr viel Vorsicht bei der Beantwortung der Frage nach dem vorherigen Gehalt walten lassen, u.U. die Antwort sogar umgehen. Denn die Höhe des vorherigen Verdienstes hat häufig Einfluß darauf, wieviel ein neuer Arbeitgeber zu zahlen bereit ist.

V Nach der Verhandlung

Geld allein macht nicht glücklich, aber es ist besser, in einem Taxi zu weinen als in der Straßenbahn.

Marcel Reich-Ranicki

Ausblick: Mit dem Ende einer Gehaltsverhandlung ist Ihr »Auftrag« noch längst nicht beendet. Je nachdem, wie das Gespräch für Sie ausgegangen ist, sollten Sie entsprechende Maßnahmen ergreifen.

Für den Fall, daß Ihre Forderungen abgelehnt wurden, müssen Sie sich nicht damit zufrieden geben. Es gibt durchaus noch Mittel und Wege, das Verhandlungsergebnis »aufzubessern«.

Die Nachbereitung

Wie ist das Gehaltsverhandlungsgespräch ausgegangen? Wurde Ihnen die Gehaltserhöhung zugesagt? Dann gratulieren wir herzlich. Nach wenigen Tagen werden Sie wahrscheinlich eine schriftliche Bestätigung aus der Personalabteilung bekommen, in der die neue Gehaltshöhe festgehalten ist.

Zweite Möglichkeit: Sie werden mit dem Hinweis vertröstet, daß Ihr Vorgesetzter sich in Kürze bei Ihnen melden wird, um Ihnen Bescheid zu geben, ob er etwas für Sie erreichen konnte. Warten Sie also mehrere Tage ab (am besten fragen Sie vorher, wann mit einem Ergebnis zu rechnen ist). Wenn's gut läuft, werden Sie schriftlich über die genehmigte Gehaltserhöhung informiert. Haben Sie Pech, hören Sie nichts mehr von Ihrem Chef. Dann müssen Sie, ob es Ihnen gefällt oder nicht, in den sauren Apfel beißen und noch einmal nachfragen. Spätestens nach vier Wochen, besser aber schon etwas eher.

Kommt die schriftliche Ablehnung, sollten Sie sich nicht damit zufrieden geben. Gehen Sie ruhig erneut zu Ihrem Vorgesetzten, und fragen Sie mit freundlicher Gelassenheit nach den Gründen. Dies wäre auch eine gute Gelegenheit, nachzuverhandeln und z.B. als Kompromiß Fringe Benefits (s.S. 66) ins Gespräch zu bringen.

Wenn dies alles nicht klappen sollte, machen Sie Ihrem Ärger ruhig Luft – natürlich auf zivilisiert-gemäßigte Art und Weise. Selbstverständlich hat es keinen Sinn, jetzt laut und ausfallend zu werden. Atmen Sie tief durch, und sagen Sie, daß Sie sehr ärgerlich und auch enttäuscht sind, daß Ihre Leistungen nicht entsprechend honoriert werden. Fragen Sie Ihren Vorgesetzten, was Sie seiner Meinung nach noch tun können, um in den Genuß einer Gehaltserhöhung zu kommen.

Dritte Möglichkeit: Sie bekommen eine klare Abfuhr. Sollte Ihr Arbeitgeber Sie mit dem Hinweis »Diesmal nicht« hinauskomplimentieren wollen, dann dürfen Sie das durchaus als Ermunterung verstehen. Am besten es gelingt Ihnen, mit ihm gleich einen festen Zeitpunkt zu vereinbaren, wann Sie mit ihm noch einmal über Ihr Anliegen reden. In der Zwischenzeit kann es nicht schaden, besonderes Engagement an den Tag zu legen.

Besonders günstig ist es, wenn Sie versuchen, sich neue Tätigkeitskreise zu erschließen und mehr Verantwortung übernehmen. Damit schlagen Sie zwei Fliegen mit einer Klappe: Ihr Job wird interessanter, und die Gehaltserhöhung ist dann hoffentlich wirklich nur noch eine Frage der Zeit.

Diese letzte Methode soll Ihr Gegenüber noch einmal dazu bringen, sich konkret zu äußern. Bekommen Sie keine Antwort auf Ihre Frage oder nur Ausflüchte zu hören, ist das ein Signal: jede weitere Argumentation Ihrerseits wäre zwecklos.

Lassen Sie erst einmal die Wut in Ihrem Bauch verrauchen, und überdenken Sie für sich in Ruhe das Gespräch. Analysieren Sie die Verhandlung möglichst sachlich: Nutzen Sie die Gelegenheit, sich einmal selbst ganz kritisch zu fragen:

- Bin ich wirklich so gut, wie ich mich dargestellt habe?
- Könnte ich noch etwas verbessern? Was ist mit meinen Leistungen?

- Hat mein Gegenüber recht, oder scheint er nur alles abzuwehren, was Geld kostet?
- Wie weit habe ich mich weiterentwickelt, was habe ich für mein berufliches Fortkommen getan?
- Welche besonderen Kompetenzen habe ich? Lassen die sich noch verbessern?
- Was macht mir an meiner jetzigen Arbeit Spaß, was weniger?
- Welche Erfolge habe ich angestrebt, welche erreicht, welche nicht? Warum nicht?

Wenn Sie aber nach reiflicher Überlegung das sichere Gefühl haben, in dieser Firma eher blockiert als gefördert zu werden, dann ist es Zeit, sich ernsthaft Gedanken über eine Veränderung zu machen. Überlegen Sie, ob sich ein Firmenwechsel für Sie lohnen könnte. Dabei sollten Sie alles in die Waagschale werfen, was Sie gewinnen und auch verlieren könnten. Für einen oder zwei Hunderter mehr im Monat lohnt es sich gewiß nicht, die Stelle in einer Firma aufzugeben, in der man sich eigentlich wohl fühlt.

Prinzipiell sollte ein gescheitertes Gehaltsverhandlungsgespräch nicht der Grund sein, sich mit Abwanderungsgedanken zu tragen. Ganz einfach ausgedrückt: Einen Mißerfolg kann es geben. Auch wenn es nur ein schwacher Trost ist: Daraus können Sie mit Sicherheit für künftige Gespräche lernen. Gut wäre es, wenn Sie nach dem Gespräch – ob erfolgreich oder gescheitert – ein Protokoll anfertigen. Denn die nächste Gehaltsverhandlung kommt bestimmt. Sie können dann Ihre Notizen sicher gut für die Vorbereitung nutzen, indem Sie nachlesen: Mit welchen Fragen muß ich rechnen? Wie habe ich reagiert? Gibt es bessere Antwortmöglichkeiten? Was kann ich verbessern? Sie wissen ja: Übung macht den Meister. So präpariert läuft es beim nächsten Mal bestimmt noch besser.

Machen Sie sich den Vorsatz »lebenslanges Lernen« zu eigen. Seien Sie nicht sauer über den Mißerfolg, und verfallen Sie fortan nicht in den Fehler, nur noch Dienst nach Vorschrift zu machen. Damit schaden Sie sich nur selber. Tun Sie statt dessen alles, um sich weiterzuentwickeln: Lesen Sie Fachliteratur, besuchen Sie Seminare, gehen Sie zu Vorträgen, suchen Sie am Arbeitsplatz nach neuen Aufgabenfeldern mit mehr Verantwortung. Geben Sie sich nicht zufrieden mit dem, was Sie erreicht haben, sondern arbeiten Sie weiter an sich selbst.

Abschließend noch ein Gedanke zum Thema Engagement. Ob Sie wirklich Ihrer Leistung entsprechend bezahlt und damit gerecht entlohnt werden, läßt sich sicherlich nicht so einfach entscheiden. Die Frage ist wohl, ob es überhaupt ein adäquates Meßverfahren gibt, das einer so komplexen Thematik wie Leistungsentlohnung gerecht werden kann. Messen hingegen lassen sich eher Quantität und benötigte Arbeitszeit. Schon bei der zu beurteilenden Qualität treten sicherlich deutliche Einschätzungsdifferenzen auf.

Werden – so bleibt dennoch die Frage – außerordentliche Leistungen bei der Entlohnung entsprechend gewürdigt?

Zwar lautet das Erziehungsmotto »Ohne Fleiß kein Preis«, und auch die Umkehrung »Ohne Preis ...« ist uns nicht unbekannt, die Zusammenfassung einiger wichtiger Untersuchungen zu diesem Thema verdeutlicht jedoch sehr schnell, daß der (nur) Fleißige oft leider auch der »Dumme« ist. Der Fleißige muß eben auch Marketing in eigener Sache betreiben, damit die anderen auf seinen Einsatz aufmerksam werden. Daher hier noch mal der Hinweis auf das Präpariertsein für den Ernstfall Gehaltsverhandlung: Sie müssen Ihre Erfolge, Ihre Leistungen, Ihren Einsatz benennen können, um überzeugend mehr Geld einzufordern. Gehen Sie nicht davon aus, daß Ihr Gegenüber längst gemerkt haben muß, wie sehr Sie sich für die Firma täglich »abackern«.

Fleiß allein bringt's also nicht, denn die reine Verlängerung der Arbeitszeit von etwa 40 Wochenstunden auf 60 und mehr bringt Sie eher dem Erfahrungserlebnis eines Herzinfarkts oder einer Scheidung näher (im schlimmsten Fall beidem), nicht jedoch – jedenfalls statistisch gesehen – einer entsprechenden Honorierung Ihrer investierten Lebenszeit.

Warum auch? Ungewöhnlich zeitintensiver Arbeitseinsatz kann möglicherweise ein Mehr an Leistung für Ihren Arbeitgeber bedeuten und wird sicherlich hin und wieder auch vergolten werden (Ausnahmen bestätigen die Regel!). Der Regelfall aber sieht anders aus.

Wird jemand mit seiner Arbeit in der dafür vorgesehenen (Regelarbeits-)Zeit nicht fertig, ist das für die meisten Arbeitgeber noch lange kein Grund, das Gehalt zu erhöhen. Vielleicht ist derjenige ein Workaholic, einfach nur langsam oder gar überfordert, schlecht organisiert und obendrein dumm genug, sich nicht abgrenzen zu können, und so weiter ...

Sie werden bezahlt und das hoffentlich gut, und falls Sie ein strenges Über-Ich oder gar ein schlechtes Gewissen haben, das Sie zu immer längeren Arbeitszeiten antreibt ... Ihr Pech, jedenfalls in den meisten Fällen. Also überlegen Sie, bei wem Sie sich beklagen oder gar ausweinen. Besser jedenfalls nicht bei Ihrem Chef und schon gar nicht auf diese Art: »Ich lege mich krumm, und Sie wollen nichts drauflegen.« Mit Jammern kommen Sie nicht weiter, was zählt, sind Ihre Leistungen, Ihre Erfolge (s.S. 30).

Sollten Sie dagegen in einer Art Tour de force eine für Sie wichtige, erstrebenswerte, verantwortungsvolle und gutbezahlte Position erobert haben und sich jetzt mit großer Anstrengung, um diese zu halten, weiter, wenn nicht sogar noch mehr, krumm legen, dann sind Sie in bester Gesellschaft – nur stöhnen sollten Sie besser nicht, vor allem nicht überall und nicht so laut.

Zusammengefaßt noch einmal die wichtigsten Punkte, auf die es bei der Gehaltsverhandlung ankommt:

Das richtige Bewußtsein: Sie müssen wissen, was Sie wollen, was Sie leisten, was Sie wert sind und auch was möglich ist. Machen Sie sich bewußt, wie leicht man die Gegenseite durch Kränkung verärgern kann und sich damit selbst aller Chancen auf ein besseres Gehalt beraubt. Konfliktfähigkeit und Durchhaltewillen sind gefragt. Lassen Sie sich nicht gleich vom ersten »Gegenwind« umwehen. Einwände werden kommen – das ist so sicher wie das Amen in der Kirche. Ihre Aufgabe ist es, auf Widerstände und Kritik adäquat zu reagieren.

Ihr Gegenüber: Es geht nicht darum, Ihren Gesprächspartner als Gegner zu betrachten, den es zu besiegen gilt. Versuchen Sie vielmehr, ihn als Verbündeten zu gewinnen.

Die Form: Wie heißt es doch so schön: Der Ton macht die Musik. Die Art und Weise, wie Sie Ihren Gehaltswunsch vorbringen ist wesentlich dafür, ob Sie Erfolg haben werden oder nicht.

Der Zeitpunkt: Nutzen Sie die Gunst der Stunde, d.h., entwickeln Sie ein Gefühl für den richtigen Augenblick. Auf gar keinen Fall sollten Sie mit dem Anliegen, über Ihre Bezahlung zu verhandeln Ihr Gegenüber unvorbereitet überfallen. Verabreden Sie einen Gesprächstermin. Und auch Ihr konkreter Gehaltswunsch darf nicht gleich ausgespielt werden. Warten Sie, bis die andere Seite diesen Punkt anschneidet, dann ist der richtige Augenblick – *kairos*, wie es die alten Griechen nannten – gekommen. Oder halten Sie es eher mit den Chinesen? Die wußten, daß »die Herrschaft über den Augenblick die Herrschaft über das Leben ist.«

Zusammengefaßt: Es dürfte deutlich geworden sein, daß eine Gehaltsverhandlung nicht »im Vorbeigehen« zu bewältigen ist. Sicher gibt es wahre Verhandlungskünstler, die ohne große Vorbereitung ein solches Gespräch führen können. Das ist aber die absolute Ausnahme. Für die meisten Arbeitnehmerinnen und Arbeitnehmer heißt es, in den sauren Apfel beißen zu müssen und sich eine ausgefeilte Strategie zurechtzulegen. Das fängt bei der Einstellung und den Rahmenbedingungen an, d.h., mit wem man wann und wie am besten spricht, geht über den genau durchdachten Gesprächseinstieg, das geschickte Plazieren der eigenen Argumente und die intelligente Abwehr von Einwänden bis hin zur Nachbereitung und der Überlegung, wie man aus einer Ablehnung doch noch etwas für sich herausholen kann, um vielleicht zumindest fürs nächste Gespräch die Weichen gestellt zu haben – ganz im Sinne von Sepp Herberger, der ja auch schon wußte: Nach dem Spiel ist vor dem Spiel.

VI Exkurs: Gedanken zur Gerechtigkeit bei den Gehältern

Geld ist nichts.
Aber viel Geld,
das ist etwas anderes.
George Bernard Shaw

Peanuts und ziemlich große Nüsse – eine bunte Betrachtung, wer was verdient

Parlamentarier sind die einzigen Menschen, die über ihre Gehaltserhöhungen selbst entscheiden. Wenn es um mehr Geld auf dem eigenen Konto geht, schließen sich die bürgerlichen Parteien auf Bundes- und Landesebene gern zu Kartellen zusammen: »Koalition der Selbstbediener« nennt *Der Spiegel* so etwas.[23] Über eine Milliarde Mark ging 1998 an die Volksvertreter – das ist seit 1968 eine Steigerung von sage und schreibe mehr als 800 Prozent. Zum Vergleich: Das Durchschnittseinkommen der Bundesbürger stieg in diesem Zeitraum lediglich um etwa 250 Prozent. Weitere Erhöhungen sind bereits vorbereitet.

Warum steht gerade die Diätenfrage immer wieder moralisch im Fokus? Warum werden die Erhöhungen der Abgeordnetenbezüge als besonders ungerecht wahrgenommen?

In demokratischen Staatssystemen obliegt Politikern aufgrund ihrer Macht eine besondere Verantwortung für das Gemeinwesen. Mit der Übernahme eines Amts verpflichtet der Politiker sich, dem Volk zu dienen (*minister*: lat. für Diener). So wie dem Arzt die Rettung eines Patienten wichtiger sein muß als die Präsentation der fälligen Rechnung und einem Universitätsprofessor die Freiheit von Forschung und

Lehre mehr am Herzen liegen sollte als die Anhäufung von Honoraren auf seinem Konto, so wird von Politikern erwartet, daß sie die Interessen des Volkes vertreten und ihre Privatinteressen zurückstellen. Wohl auch wegen der hier deutlich werdenden Diskrepanz zwischen Anspruch und Wirklichkeit nimmt die Politikverdrossenheit in diesem Lande weiter zu.

Stichwort Parteispenden: In einigen Fällen ist der Öffentlichkeit zu ihrer Erschütterung bekannt geworden, daß die Wirtschaftsbosse durch direkte Geldzuwendungen versucht haben, Einfluß auf die Politik zu nehmen. Die größte Affäre in diesem Zusammenhang ist wohl mit dem Namen Flick verbunden.

Abgesehen von dieser Art der Einflußnahme gibt es noch andere Beziehungen zwischen Wirtschaft und Politik: Zahlreiche Unternehmen besetzen hochdotierte Aufsichtsrats- oder Beraterposten mit Leuten aus der Politik. Politiker jedoch treten an, um die Interessen des Volkes zu vertreten und nicht die eines einzelnen Unternehmens. Wie aber können Politiker freie Entscheidungen treffen, wenn sie oder ihre Parteifreunde auf der Lohnliste eines Unternehmens stehen? Das gilt auch für Einladungen zu Ausflügen, egal ob dabei mit dem Firmenjet in den sonnigen Süden oder zu Opernbällen gereist wird.

Wer die Notwendigkeit einschneidender Opfer betont und sich gleichzeitig selbst dicke Diätenzuwächse beschert, muß mit Zweifeln an seiner Integrität rechnen. Diese Unverhältnismäßigkeit wird von den Bürgern als Verstoß gegen die Gebote von Fairneß und Ausgewogenheit empfunden. Gerade diese beiden Tugenden sind elementare Voraussetzungen für die Glaubwürdigkeit von Volksvertretern. Defizite werden daher von den Bürgern als Ungerechtigkeit empfunden.

Was würde wohl in einem Unternehmen passieren, in dem die Mitarbeiter ihre Löhne und Gehälter selbst festlegen? Vermutlich genehmigten sich die Angestellten zunächst eine hohe monatliche Entlohnung, gemäß der Selbsteinschätzung ihrer Leistung und ihrer Bedürfnisse. Etwas später kämen sicherlich noch Sonderzahlungen, Boni etc.

hinzu. Und aufgrund der gähnenden Leere in den öffentlichen Rentenkassen würde bald noch eine großzügige betriebliche Altersversorgung hinzugefügt.

Schön und gut das alles, aber nach einer gewissen Zeit bräuchte man doch noch etwas mehr. Jährliche zweistellige prozentuale Gehaltssteigerungen, lukrative Nebenjobs, die zusätzlich Geld einbringen, ohne daß sie wirklich belasten, spezielle Privilegien wie Dienstwagen etc. – der Mensch ist ja nie ganz zufrieden, will immer mehr.

Ahnen Sie, von welchem Unternehmen wir reden? Es ist das Unternehmen Bundesrepublik Deutschland, die Angestellten sind »unsere« Bundestags- und Landtagsabgeordneten.

In Parlamentssitzungen führen sie regelmäßig Debatten über die Erhöhung ihrer Bezüge, der steuerfreien Pauschalen und weiterer günstiger finanzieller Leistungen. Das Problem: Die Parlamentarier beschließen in eigener Sache und sind somit parteiisch. Es mangelt an Gegengewichten, an einem objektiven Korrektiv.

Außerdem lassen sich viele Angehörige der politischen Klasse auch noch von externen Geldgebern bezahlen. Dafür wurde eigens der elegante Begriff der *Finalen Spende* ersonnen.

Seit 1994 existiert zwar ein Anti-Korruptionsgesetz, doch sind Experten sicher, daß es wegen seiner Unzulänglichkeit nie zur Anwendung kommen wird.[24] Diese liegt schon darin begründet, daß sich das Gesetz darauf beschränkt, nur den unmittelbaren konkreten Stimmenkauf zu bestrafen, nicht aber eine langfristige Einflußnahme auf das Verhalten eines Politikers. Auch Besuchsfahrten, Urlaubsaufenthalte und Einnahmen aus Schein-Beratungsverträgen für Wirtschaftsunternehmen sind nichts anderes als weißgewaschene Bestechungsgelder. Das Anti-Korruptionsgesetz in seiner jetzigen Form ist eine reine Alibimaßnahme.

Das Gehalt eines Bundestagsabgeordneten liegt bei 12.350 Mark monatlich, die normal versteuert werden müssen. Das allein ist noch kein fürstliches Gehalt, auch wenn es den durchschnittlichen Verdienst der Bundesbürger bereits weit übersteigt. Wesentlich interessanter und auch problematischer sind die zusätzlichen finanziellen Leistungen aus der Staatskasse. Dazu gehören eine steuerfreie Aufwandsentschädigung in Höhe von monatlich 6344 Mark, von der die Abgeordneten in der Regel eine persönliche Hilfskraft bezahlen, die ihnen im Wahlkreis oder in Bonn zuarbeitet.[25] Außerdem existiert eine äußerst großzügige Altersversorgung, für die die Abgeordneten keine Mark in die Rentenkasse einzahlen müssen.

Während kein Tag vergeht, an dem die Bevölkerung nicht durch Hiobsbotschaften über den Zustand der Rentenkassen verunsichert wird, bedienen sich die Politiker bei den Rentenansprüchen, als besäße der Bundestag eine Lizenz zum Gelddrucken. Bereits nach 18 Jahren Parlamentszugehörigkeit haben Politiker einen vollen Rentenanspruch, d.h., sie bekommen 75 Prozent ihrer Bezüge. Normalmenschen dagegen müssen mehr als doppelt so lange arbeiten, um auf diesen hohen Satz zu kommen.

Im kleinen Saarland erwirbt ein Minister bereits einen Tag nach Amtsantritt Anspruch auf die Höchstversorgung von 75 Prozent der Aktivenbezüge, die sich auf 13.000 Mark im Monat belaufen. Er muß dafür nur vorher lange genug Mitglied im Parlament gewesen sein. Zusätzlich kann er verschiedene Renten akkumulieren: beispielsweise Ansprüche aus seiner Zeit als Bürgermeister, Abgeordneter und Bundestagsvize.

Der Staatsrechtler Hans-Peter Schneider bemerkt dazu: »Mag das eigentliche Einkommen der Politiker noch halbwegs angemessen sein, so hat das Mehrfacheinkommen zahlreicher Abgeordneten aus früherer oder beratender Tätigkeit ein Niveau erreicht, das die Vorstellungskraft des einfachen Bürgers schlicht übersteigt.«[26]

Warum sollten nicht auch Politiker versuchen, finanziell das meiste aus ihrer Position herauszuholen? Schließlich, so hört man oft von Politikerseite, verdienen doch Wirtschaftsbosse, Sportler und Showstars noch viel mehr.

Dem Vergleich mit den hohen Gehältern in anderen »Branchen« liegt ein fundamentaler Irrtum zugrunde: Wer aus öffentlichen Geldern bezahlt wird, trägt eine andere Verantwortung und ist in besonderem Maße dem Gemeinwohl verpflichtet. Im übrigen darf man nicht vergessen, daß die meisten Bundesbürger nicht mehr, sondern viel weniger verdienen als ihre Politiker.

Im Selbstbedienungsladen Deutschland sind die Zuschüsse an Parteien, Fraktionen und parteinahe Stiftungen die höchsten der Welt.[27] Eine zusätzliche Verschleierungstaktik: Oft werden Diäten-»Anpassungen« gestaffelt für die nächsten Jahre festgelegt, damit sich die Selbstentlohner nicht ständig vor der Öffentlichkeit rechtfertigen müssen.

»Die Diäten steigen am Stichtag von selbst – kein Wähler merkt etwas.«[28] Diäten-Experte Hans Herbert von Arnim bezeichnet in seinem Bestseller »Staat ohne Diener« solche Vorgehensweisen als »Geheimverfahren«[29], die dem Grundsatz der Offenlegung und Transparenz widersprechen.

Einen spektakulären Diätencoup leistete sich beispielsweise 1991 die Hamburger Bürgerschaft unter Vorsitz von Henning Voscherau. Wieder störte Diäten-Kritiker von Arnim, und so scheiterte das Selbstbedienungsvorhaben, und auch die Rufe nach Voscherau als möglichen Kanzlerkandidaten verhallten schnell. Das *Hamburger Abendblatt* nannte das Motto der Volksvertreter beim Namen: »Vor der Wahl bedienen wir die Wähler, danach uns selbst.«[30]

Nach dem neuen Diätengesetz sollten der Hamburgische Parlamentspräsident und die Fraktionsvorsitzenden damals das fünffache Einkommen der »normalen« Abgeordneten, also fast 20.000 DM monatlich erhalten. »Der eigentliche Clou aber«, berichtet von Arnim, »war die Altersversorgung.« Die Dechiffrierung des in einem unlesbaren Paragraphen versteckten Plans ergab, »daß Spitzenparlamentarier schon nach dreieinhalb Jahren Amtszeit einen Anspruch auf über 10.000 DM monatliche Rente erlangen sollten (wenn sie nur vorher fünf Jahre lang Abgeordnete waren), dynamisiert, auf Lebenszeit und ohne Beiträge«.[31] Zur Erinnerung: Die Parlamentarier erwirtschaften nichts – sie werden aus Steuern bezahlt, nicht aus Unternehmensgewinnen.

»Das Volk muß sparen, die Bonner Politiker bedienen sich noch immer, als ob im Lande Milch und Honig flössen«, spottete *Der Spiegel* Mitte Juni 1996.

Dabei sind es nicht nur die üppigen, ständig wachsenden Einkommen, über die sich die Damen und Herren Politiker freuen können. Die Parlamentarier schonen ihre Portemonnaies, und zwar durch Dienstwagen, Ersatz von Personal- und Bürokosten und zusätzliche Versorgungsansprüche, von denen Otto Normalverdiener nur träumen können. Die möglichen Zugewinne aus Lobbyisten- und Beratungstätigkeiten sind noch nicht miteingerechnet.

Aber auch ohne jegliche Zusatzverdienste sind die Gehälter ganz ordentlich:

Bundespräsident Johannes Rau erhält beispielsweise Monat für Monat 29.402 Mark, Bundeskanzler Schröder bekommt 27.213 Mark, Außenminister Joschka Fischer 25.000 Mark, Ministerpräsident Edmund Stoiber 24.200 Mark und – wie oben bereits erwähnt – ein Bundestagsabgeordneter 12.350 Mark.[32]

Trotzdem werden die Damen und Herren Politiker nicht müde zu behaupten, daß es sooooviel ja nicht wäre, was sie verdienen – angesichts des hohen Aufwands, der ständigen Belastung, der hohen Verantwortung usw ...

In die gleiche Kerbe schlagen die deutschen Manager, was ihre Bezahlung angeht. Sie betonen immer wieder, wie mickrig ihr Gehalt ausfällt beispielsweise im Verhältnis zu den Geldern, die Führungskräfte im europäischen Ausland oder in den USA einstecken. Jürgen Weber, Vorstandsvorsitzender der Deutschen Lufthansa: »Bei den Gehältern liegen deutsche Topmanager in Europa auf den hinteren Plätzen. Das entspricht nicht ihrer Leistung.«[33] Wendelin Wiedeking, Vorstandsvorsitzender der Porsche AG sieht das ähnlich: »Wird der Topmanager seiner Unternehmerrolle gerecht, dann muß er auch wie ein Unternehmer dotiert werden.«[34] Die deutschen Manager wurmt gewaltig, daß die Kollegen aus den USA zum Teil das Siebenfache verdienen. Sie halten ihre Bezahlung für zu niedrig und das gesamte System für dringend reformbedürftig.

Die Topleute der deutschen Wirtschaft bekommen Unterstützung aus der Wissenschaft. Auf einer internationalen Tagung in Berlin, an der 70 Wirtschaftswissenschaftler aus mehreren europäischen Ländern teilnahmen, faßte Tagungsorganisator und Ökonom Joachim Schwalbach die Beiträge der Experten zusammen: »Es fehlt den Führungskräften an Anreizen, um Spitzenleistungen zu bringen. Das muß geändert werden.«[35] Er beklagte, daß die Arbeit der Führungskräfte in Deutschland nicht anerkannt werde. Außerdem würden Manager hierzulande so unflexibel vergütet wie Beamte. Insbesondere die zunehmende Internationalisierung der Unternehmen mache es erforderlich, daß die Vergütung der Manager angeglichen werde. Schwalbach nannte als Beispiel die Fusion von Daimler Benz und Chrysler. Während Chrysler-Chef Robert Eaton mit fast 30 Millionen DM im Jahr nach Hause gehe, könne sein deutscher Vorstandskollege Jürgen Schrempp knapp 1/6, also nur »magere« (!) 5,3 Millionen einstreichen.[29]

Fast könnte man meinen, die deutschen Manager müßten am Hungertuch nagen, so eindringlich werden die Klagen immer wieder vorgetragen. Aber wie heißt es doch so schön: Wer viel hat, der will noch mehr. Es folgen einige Beispiele, was die deutschen Chefs im Jahr so auf ihrem Konto verbuchen – ohne Aufsichtsratstantiemen und andere Nebeneinkünfte, versteht sich:

Thomas Middelhoff (Bertelsmann):	7,5	Millionen Mark
Ferdinand Piëch (Volkswagen):	4,4	Millionen Mark
Klaus Wiegandt (Metro):	3	Millionen Mark (ohne einmalige Aktienoptionen im Wert von mehreren Millionen Mark)
Manfred Schneider (Bayer):	2,9	Millionen Mark
Ulrich Hartmann (Veba):	2,9	Millionen Mark
Heinrich von Pierer (Siemens):	2	Millionen Mark [37]

Das mag Ihnen, lieber Durchschnittsverdiener, ziemlich viel erscheinen. Aber ehrlich, das sind doch nur Peanuts, wenn wir die von der deutschen Führungselite immer wieder gern genannten Bezüge amerikanischer Konzernchefs heranziehen. Hier einige Beispiele:

Sanford Weill (Travelers Group):	231 Millionen Dollar
Richard Scrushy (Healthsouth):	107 Millionen Dollar
Ray Irani (Occidental Petroleum):	102 Millionen Dollar
Eugene Isenberg (Nabors Industries):	85 Millionen Dollar
Joseph Costello (Cadence Design Systems):	67 Millionen Dollar
Andrew Grove (Intel):	52 Millionen Dollar

Wenn man diese Zahlen sieht, kann man natürlich verstehen, daß die deutschen Topmanager wirklich nichts zu lachen haben und – wie Daimler-Benz-Finanzchef Manfred Gentz fordert – marktgerecht bezahlt werden sollten. Tränen des Mitgefühls könnten uns ins Auge schießen, vernimmt man die Klage des Deutsche-Bank-Vorstandsmitglieds Jürgen Krumnow, der mit den gestiegenen Lebenshaltungskosten den Anspruch auf mehr Gehalt rechtfertigt:

»Sie bekommen unter zwei bis zweieinhalb Millionen Mark kein Haus ... Außerdem müssen Sie von den 1,5 Millionen Mark erst einmal 60 Prozent Steuern abziehen. Es ist also zunächst nicht so, daß am Anfang viel übrig bleibt.«[38] Ja, das ist wirklich ein trauriges Leben – auch wenn Herr Krumnow bei seiner Rechnerei vergessen hat, die Tantiemen aus zehn Aufsichtsratsmandaten einzubeziehen.

Den Einwand, Deutschlands Führungskräfte gehörten im Vergleich zu anderen Berufsgruppen im eigenen Land nicht gerade zu den Geringverdienern, weist Joachim Schwalbach zurück mit dem Hinweis, daß man »Äpfel nicht mit Birnen vergleichen« kann. »Jeder Markt hat seine eigenen Gesetze. Arbeitgebergehälter lassen sich nicht mal mit den von Managern vergleichen.«[39]

Die Topmanager haben auch schon eine Idee, wie sie Ihr Gehalt aufbessern könnten. Henning Schulte-Noelle, Vorstandsvorsitzender der Allianz AG: »Instrumente wie Erfolgsbeteiligungen, Bonuspläne oder Stock-Options weisen in die richtige Richtung.«[40] Die Vergütung deutscher Topmanager solle stärker am unternehmerischen Erfolg orientiert werden. Einige Unternehmen beginnen bereits, ihr Vergütungssystem variabler zu gestalten und den Leistungsaspekt stärker zu betonen (s.S. 123 ff.).

Zum Trost für deutsche Topmanager sei gesagt: Unseren Schauspielern geht's ganz ähnlich. Im Vergleich zur amerikanischen Konkurrenz sehen die Einnahmen der bundesdeutschen Stars und Sternchen wirklich dürftig aus. Was sind da schon die 2 Millionen Mark, die Schauspieler Götze George vorweisen kann oder die 0,8 Millionen Mark einer Katja Riemann im Vergleich zu den 68 Millionen Mark Traumgage, die Schauspieler Brad Pitt einstreicht?

Auch andere deutsche Künstler und selbst Hochleistungssportler müssen sich mit weit weniger Geld zufrieden geben: Entertainer Harald Juhnke (1,5 Millionen Mark), Volksbühnen-Intendant Frank Castorf (270.000 Mark) oder Jürgen Röber, Trainer von Hertha BSC (Jahresgehalt 700.000 Mark), Schwimmerin Franziska van Almsick (2,5 Millionen Mark), Spitzenverdiener: Formel-1-Fahrer Michael Schumacher (42 Millionen Mark).

Für Otto Normalverbraucher sind bereits die deutschen Dimensionen kaum vorstellbar. So muß Ingrid Lupe, Inhaberin eines Tante-Emma-Ladens in Berlin mit 18.000 Mark netto im Jahr über die Runden kommen – und das bei einer Arbeitszeit von 78 Stunden in der Woche. Da kann Lars Böllerten, Polizei-Obermeister beim Bundesgrenzschutz mit einem Jahresgehalt von 50.000 Mark schon etwas größere Brötchen backen.[41] Aber auch das ist verschwindend wenig im Vergleich zu den Einnahmen von Managern, Politikern und Künstlern.

»Bemerkenswert« ist auch der Verdienst einer Verkäuferin, die ihr Berufsleben nach der Ausbildung mit ganzen 2400 Mark brutto beginnt. Eine Steigerung bis auf knapp über 3000 Mark ist möglich.[42] Und auch die Traumberufe warten zumindest bei den Frauen mit einer finanziellen Ernüchterung auf. Für den anstrengenden Service über den Wolken erhält eine Stewardeß bei vielen der neu gegründeten Fluggesellschaften gerade mal 1800 Mark monatlich, bei der Lufthansa kann sie es immerhin auf rund 4000 Mark bringen. Piloten haben es da besser. Ihre hohe Verantwortung wird entsprechend vergütet: Im Durchschnitt verdienen sie 17 bis 18.000 Mark im Monat.[43] Allerdings wächst auch hier der Unmut. Seit die Lufthansa sich ihre Ausbildung an der konzerneigenen Verkehrsfliegerschule in Bremen teuer bezahlen läßt, beginnen viele Jungpiloten ihre Fliegerkarriere mit einem immensen Schuldenberg von weit über 200.000 DM. Den meisten bleiben nach Abzug ihrer Fixkosten für Steuern, Versicherung und Rückzahlung der aufgenommenen Kredite gerade mal 1500 Mark zum Leben.[44]

Ein angestellter Goldschmied verdient nach seiner Ausbildung 2300 Mark brutto und kann es nach fünf Jahren auf 3600 Mark bringen. Elektriker haben nach der Ausbildung ein Anfangsgehalt von knapp 3000 Mark monatlich, Berufe des metallverarbeitenden Gewerbes wie z.B. Werkzeug- oder Industriemechaniker liegen noch 300 Mark darunter. Männliche Bankangestellte kommen auf 5962 (Ost: 4671 Mark) im Monat, die Kolleginnen erhalten 4635 Mark (4022 Mark).[45]

Abschließend ein Überblick, was Angestellte (Fachkräfte) im Durchschnitt in Deutschland jährlich brutto (inklusive Weihnachts- und Urlaubsgeld) verdienen:

Branche	**Jahresbruttogehalt**
Maschinen-/Fahrzeugbau:	71.900
Elektrotechnik/Elektronik:	79.700
Chemie, Pharma:	80.300
Druck, Papier, Verlage:	77.400
Bau, Baustoffe:	68.800
Flugzeugbau:	69.700
Textil:	61.700
Nahrungs-/Genußmittel:	67.900
Metall:	74.300
Feinmechanik, Optik:	70.500
Banken, Versicherung:	81.500
Unternehmensberatung:	73.900
Technische Beratung:	73.000
Verkehr, Tourismus:	61.800
Handel:	65.800 [46]

Zwischen den (Un-)Summen, die Promis, Sportler und Manager einstreichen, und den Verdiensten deutscher Durchschnittsverdiener liegen also Welten. Fast zynisch muten da die Forderungen der deutschen Topleute aus der Wirtschaft vor allem dann an, wenn man bedenkt, wieviele Menschen in der Bundesrepublik in Armut leben. Denn Armut existiert in der Bundesrepublik, trotz 4,6 Billionen Mark Privatvermögen im Besitz der Bundesbürger. Wobei allein die Familien Quandt (BMW-Anteile), Albrecht (Aldi) und Haniel (Metall- und Baustoffhandel) zusammen über ein Gesamtvermögen von schätzungsweise 58 Milliarden Mark verfügen. Das ist soviel, wie 426.000 Haushalte in Deutschland mit einem durchschnittlichen Geldvermögen von jeweils 136.000 Mark besitzen.[47]

2,8 Millionen Menschen leben in der Bundesrepublik mit einem Einkommen, das unterhalb der Sozialhilfesätze liegt. 3,4 Prozent der Bevölkerung lebt »verdeckt« arm, d.h. sie haben Anspruch auf Sozialhilfe, nehmen diesen Anspruch aber aus verschiedenen Gründen nicht wahr. Scham ist in erster Linie anzuführen – die Peinlichkeit sich (und anderen!) einzugestehen, mit dem eigenen Leben nicht zurechtzukommen. Auf 100 Sozialhilfeempfänger kommen 110 von verdeckter Armut Betroffene.[48]

Blicken wir über den deutschen und auch europäischen Tellerrand hinaus: 1,31 Milliarden Menschen leben nach einem Bericht der Weltbank in absoluter Armut, d.h., sie haben pro Tag weniger als einen Dollar zur Verfügung.[49] Die Kluft zwischen Arm und Reich wird immer größer. Nach dem Jahresreport des Entwicklungsprogramms der Vereinten Nationen (UNDP) besitzen die 385 Dollarmilliardäre zusammen mehr Geld als fast die halbe Menschheit auf dieser Welt.

Das Verhältnis zwischen den Einkommen des ärmsten und des reichsten Fünftels der Menschheit verschlechterte sich in nur drei Jahrzehnten von 1:30 auf 1:60 Mitte der neunziger Jahre. Das bedeutet: 1965 haben die reichsten 20 Prozent 30 mal soviel verdient wie die ärmsten 20 Prozent. Dreißig Jahre später, 1995, verdienten die Reichsten bereits 60 mal so viel. Aber auch die Ungerechtigkeit der Einkommensverteilung in den Industrieländern zwischen Wohlhabenden und Armen nimmt zu.[50]

Mehr zum Thema Gerechtigkeit und Geld im nächsten Kapitel.

Gerecht oder ungerecht? Der Teufel steckt im Detail

Das Gefühl, bereits mehr als einmal wirklich ungerecht behandelt worden zu sein, kennt wohl jeder. Gerechtigkeit hingegen verbindet der einzelne kaum mit einem besonderen Erlebnis. Wenn Gerechtigkeit herrscht, ist man zufrieden: alles in Ordnung, ganz normal. Um der Gerechtigkeit und ihrer Bedeutung auf die Spur zu kommen, beginnt man daher zunächst bei der Analyse von Ungerechtigkeit. Die Wahrnehmung einer Ungerechtigkeit ist zunächst ein subjektives Erleben, ein besonders intensives Gefühl: Manch einer fühlt sich staatlicher Willkür hilflos ausgeliefert und völlig ungerecht behandelt, wenn er am Monatsende seine Lohnsteuerabzüge sieht. Wer arbeitslos wird, erlebt sich oft in einer doppelten Opferrolle: als Opfer von Arbeitslosigkeit und zumeist auch noch als Opfer einer Ungerechtigkeit.

Ungerechtigkeit provoziert Ungerechtigkeit: Der Chef hat einem ehrgeizigen, aber unbeliebten Mitarbeiter eine Gehaltserhöhung bewilligt. Seine Kollegen empfinden dies als zutiefst ungerecht. Die Folge: Die Mitarbeiter beginnen Intrigen zu schmieden und den Unbeliebten durch Mobbing aus dem Teamleben auszuschließen. Wichtige Informationen werden ihm vorenthalten. Auf diese Weise vergelten Mitarbeiter die eine Ungerechtigkeit mit einer neuen und sorgen für einen »Ausgleich« ihres aus der Balance geratenen subjektiven Gerechtigkeitsempfindens.

In den folgenden Abschnitten wollen wir uns dem Themenkomplex Geld, Geltung und Gerechtigkeit nähern. Zwar glauben wir alle zu wissen, was gerecht ist und was nicht, aber bei näherem Betrachten wird deutlich, wie schwer es ist, diese philosophische Frage anhand von konkreten Beispielen zu beantworten und wie sehr hier der Teufel im Detail steckt.

Subjektive Gerechtigkeit

Menschen fühlen sich an ihrem Arbeitsplatz vielfältigen Ungerechtigkeiten ausgeliefert, sei es durch Vorgesetzte und Kollegen und/oder durch Arbeitsbedingungen und Bezahlung. Nach den Gründen für dieses Gefühl befragt, nehmen sie meist auf zwei Begriffe Bezug: Fairneß und Ausgewogenheit.

Fairneß: Mitarbeiter fragen sich: Wie geht man mit mir um? Werde ich fair behandelt, z.B. ausreichend entlohnt? Wissen Kollegen und Vorgesetzte meine Arbeit zu schätzen und respektieren sie mich?

Fühlt sich ein Mitarbeiter über einen längeren Zeitraum hinweg unfair behandelt, weil z.B. seine Arbeitsleistung nicht entsprechend wertgeschätzt wird, kann die persönliche Frustrationsgrenze überschritten werden. Als mögliches Resultat droht eine grundsätzliche Abwehrhaltung gegenüber den eigenen beruflichen Aufgaben. Mit Mitteln der inneren Kündigung wird versucht, das subjektive Gerechtigkeitsempfinden wiederherzustellen – z.B. in Form von Blaumachen, Bummeln, sturem Dienst nach Vorschrift und dem Ablehnen von Aufgaben oder Verantwortung.

Ausgewogenheit: Dieser Faktor ist eher eine Frage der Relation: Wie stehe ich im Vergleich zu anderen da? Werde ich angemessen am Erfolg beteiligt? Wie werde ich verglichen mit meinen Kollegen bei der Verteilung von Aufgaben und Verantwortung berücksichtigt?

Innerhalb des Lohngefüges sind große Gehaltsspannen oft der Grund für ein subjektives Ungerechtigkeitsempfinden. Warum verdiene ich weniger als mein gleichaltriger Kollege, der mit mir im Zimmer sitzt, dieselbe Arbeit macht und einen vergleichbaren beruflichen Werdegang hat? Warum verdient der Chef eigentlich soviel mehr – wo doch seine Mitarbeiter für ihn immer die Kastanien aus dem Feuer holen müssen?

Diese Fragen bergen ein grundsätzliches Konfliktpotential. Die unzufriedenen Kollegen spinnen z.B. Intrigen gegen den bevorzugten Mitarbeiter. Natürlich gibt es auch hier Unterschiede: Ist der Chef sympathisch, weiß man, daß er sich stets für seine Leute einsetzt und ihre Sorgen ernst nimmt, ist man eventuell leichter gewillt, Ungleichheiten bei der Bezahlung zu akzeptieren.

Nicht alles, was jemand als *subjektiv* ungerecht empfindet, ist auch *objektiv* ungerecht. Es gibt Menschen, die fühlen sich stets unangemessen behandelt und schieben Ungerechtigkeit als Grund für eigenes Versagen oder Fehlverhalten vor. Der Sproß einer reichen Familie, der es selbst zu nichts gebracht hat, macht gern seine ungerechte Umwelt oder den Neid der anderen oder gar das Schicksal dafür verantwortlich. Und Politiker sehen sich permanent von öffentlicher Meinung und Medienschelte zu Unrecht verfolgt, wie z.B. bei den Plänen zur Anhebung ihrer Diäten. Trotz eines massiven subjektiven Eindrucks handelt es sich in diesen Fällen wohl nicht um eine *objektive* Ungerechtigkeit.

Um zu entscheiden, ob sich jemand über wirkliche Ungerechtigkeit beschwert, ist es notwendig, über allgemein gültige Maßstäbe für Gerechtigkeit nachzudenken. Schließlich unterliegen Fragen der Gerechtigkeit, wie beispielsweise die Lohngerechtigkeit, immer der Beurteilung durch mindestens zwei Beteiligte. Daher müssen auch intersubjektiv vermittelbare und verbindliche Normen aufgestellt werden.[51]

»Objektive« Gerechtigkeit

Wie könnte nun ein objektives und allgemein gültiges Gerechtigkeitsmodell aussehen? John Rawls, der wohl bekannteste Gerechtigkeitsphilosoph des 20. Jahrhunderts, entwickelt folgende Theorie:

»Man stelle sich vor, alle Menschen werden in einen Zustand versetzt, in dem sie zwar wissen, wie die Gesellschaft funktioniert, nicht aber, wer von ihnen zukünftig welche soziale Stellung innehaben wird. So kommen der über seine Rolle noch ahnungslose Vorstandsvorsitzende mit dem Arbeiter, der Priester mit dem Obdachlosen und die alleinerziehende Sachbearbeiterin mit dem Studenten unter dem Mantel der Unwissenheit zusammen. Sie vereinbaren, wie die Güter und Lasten der Gesellschaft verteilt werden sollen. Nachdem die Verteilung festgelegt ist, lüftet sich der Schleier der Unwissenheit, jeder bekommt seine Rolle zugewiesen, die vorher ja noch niemand kannte. Keiner darf die getroffene Verteilung der Güter und Lasten in nachhinein in Frage stellen. Auf diese Weise wäre im Vorfeld jeder gezwungen, sich in die Position des anderen zu versetzen, vor allem in die des Schwächsten, die ihn ja potentiell treffen könnte.«[52]

Überträgt man dieses Szenario auf ein Unternehmen, so müßten alle Mitarbeiter gemeinsam darüber entscheiden, wer wieviel verdienen soll und wer dafür welche Aufgaben zu übernehmen hat. Während der Diskussion weiß niemand, ob er später Frau oder Mann, qualifiziert oder nicht qualifiziert, ob er später Facharbeiter, Abteilungsleiterin, Aufsichtsrat oder Vorzimmerdame sein wird.

Vielleicht wurde ja die allgemeine Arbeits- und Lohnreduktion im VW-Werk deswegen akzeptiert, weil vorher niemand wußte, wer bei Nichtzustandekommen der Maßnahme entlassen worden wäre.[53]

In vielen Zusammenhängen spricht man von Gerechtigkeit:

1. Das Gerechtigkeitsbewußtsein bezieht sich zunächst einmal auf Recht und Rechtmäßigkeit. Das bedeutet: Gerechtigkeit herrscht, wenn jemand sein Recht bekommt. Ungerecht dagegen ist es z.B., wenn ein Angeklagter entgegen den gesetzlichen Bestimmungen kein Recht auf Verteidigung erhält. Der Staat kann ihm das Recht nicht verweigern, etwa mit der Begründung, der Angeklagte sei sowieso schuldig, oder der Haushaltsposten für Pflichtverteidiger sei ausgeschöpft.

2. Die Frage nach Gerechtigkeit ist besonders wichtig, wenn es um Belohnung und Bestrafung geht. Wer im Supermarkt gestohlen hat, muß einige Tagessätze entrichten. Ein Mörder dagegen hat mit einer lebenslangen Gefängnisstrafe zu rechnen. Dies gilt auch außerhalb des juristischen Bereichs im Fall von Belohnungen: Für besondere Leistung erhält man Preise und Orden, wie z.B. jene Politiker, die für außerordentliche Verdienste um den Frieden mit dem Friedensnobelpreis ausgezeichnet werden. Man bezeichnet es als gerecht, wenn Bürgern für beispielhaftes Verhalten – z.B. nach der Rettung eines Ertrinkenden – das Bundesverdienstkreuz verliehen wird.
3. Wir sprechen von Gerechtigkeit, wenn die Mitglieder einer Gemeinschaft sich gegenseitig fair behandeln. Erschleicht sich jemand Vorteile und versucht, andere auszubooten, empört man sich: Das ist ungerecht! Als der ehemalige IG-Metallvorsitzende Franz Steinkühler in den Verdacht geriet, in seiner Funktion als Aufsichtsratsmitglied der Daimler Benz AG sein Insiderwissen für höchst lukrative Börsenspekulationen zu nutzen, erhob sich ein Sturm der moralischen Entrüstung. Der mächtige Gewerkschaftsboß soll seinen Wissensvorsprung zur Wahrung seiner egoistischen Interessen eingesetzt haben! Die Brokermentalität des Herrn Steinkühler empfanden die Arbeitnehmer als unfair, zumal sie zur selben Zeit reale Einkommensverluste hinnehmen mußten. Die Konsequenzen für Steinkühler sind hinlänglich bekannt.
4. Als gerecht gilt es ebenfalls, Notlagen oder Belastungen auszugleichen. Das System der staatlichen Besteuerung ist ein Beispiel dafür. Wer durch niedriges Einkommen, hohe Kinderzahl oder außergewöhnliche Belastungen benachteiligt ist, erhält einen ausgleichenden Vorteil: Er muß weniger Abgaben zahlen oder wird zusätzlich unterstützt.
   Wenn der Chef bemerkt, daß er einen Mitarbeiter unfair behandelt hat, kann er bei der nächsten Entscheidung den benachteiligten Mitarbeiter stärker berücksichtigen. Sacrifice requires compensations, Opfer erfordern Kompensierung, lautet daher eine Maxime der Gerechtigkeit.

5. In der Regel wird von Gerechtigkeit im Sinne einer Verteilungsgerechtigkeit gesprochen. Alle Güter und Lasten einer Gemeinschaft sollen gerecht an alle verteilt werden. Doch wie könnte eine solche Verteilung aussehen? Soll jeder das gleiche bekommen, oder soll der am meisten bekommen, der das meiste geleistet hat?

Diese Überlegungen veranschaulicht der Verteilungsphilosoph Bruce A. Ackermann in seinem Buch »Social Justice in the Liberal State« anhand einer Geschichte: Aus Verzweiflung über immer knappere Ressourcen möchte eine Gruppe abenteuerlustiger Menschen einen neuen Planeten bevölkern. Neben den Astronauten, die in der Lage sind, das Raumschiff zu steuern, finden sich an Bord Ingenieure, Lehrer, Umweltschützer und andere Tatendurstige.

Vor der Landung auf dem neuen Heimatplaneten wird zunächst die Oberfläche gescannt: Der Planet ist unbewohnt. Doch es findet sich eine Wundersubstanz, aus der man praktisch alles machen kann, was das Herz begehrt. Allerdings ist die Wundersubstanz nicht in so ausreichender Menge vorhanden, um sämtliche Wünsche der Neuankömmlinge zu befriedigen. Alle möchten auf dem Planeten ein neues und besseres Leben beginnen, und so entbrennt eine Diskussion über die Verteilung: Einige Menschen sind der Meinung, die Wundersubstanz solle je nach persönlichem Einsatz verteilt werden. Andere führen die individuelle Bedürftigkeit als Verteilungskriterium an. Wieder andere stufen die Menschen an Bord nach ihrem Beitrag zum Wohlergehen aller ein, andere nach ihrer Unterstützung derer, denen es am schlechtesten geht. Manche wollen die Wundersubstanz einfach gleichmäßig unter allen aufteilen.[54]

Folgende verschiedene Modelle der Verteilungsgerechtigkeit sind uns bekannt: Wir nennen es gerecht, wenn jemand bekommt, was er verdient. Danach erhält z.B. der am meisten Geld, der sich am stärksten um das Wohl aller bemüht hat. So könnte man fordern, daß Politiker gemäß ihrem Beitrag zum allgemeinen Wohlergehen bezahlt werden sollten. Man kann den Verdienst aber auch nach dem Beitrag zum Wohlergehen derer berechnen, denen es am schlechtesten geht. Demnach hielten viele es für gerecht, wenn Mutter Theresa den

Friedensnobelpreis erhalten hätte, auch wenn sie nicht viel zum allgemeinen Wohlergehen beigetragen hat, sondern zum Wohlergehen einer besonders benachteiligten Gruppe.

Eine gleiche Behandlung aller kennen wir aus dem Handel: Es gilt als gerecht, wenn ein Händler allen Kunden denselben Preis berechnet, anstatt den Preis an die unterschiedlichen finanziellen Möglichkeiten der Kunden jeweils individuell anzupassen.[55] Die Realität allerdings lehrt, daß vor dem Händler nicht alle Kunden gleich sind, sondern z.B. Großkunden oder Prominente einen besseren Preis bekommen als Otto Normalverbraucher.

In der empirischen Gerechtigkeitsforschung gelten als häufig vorgebrachte Verteilungskriterien: Gleichheit, Chancengleichheit, erbrachte Leistungen, Seniorität, Besitzstand, Bedürftigkeit, Mitgliedschaft usw. Konflikte entstehen, wenn verschiedene Parteien unterschiedliche Kriterien bei einer Verteilung für gültig halten.[56]

Walter Pfannkuche, Moralphilosoph aus Berlin, weist auf die Bedeutung von Gerechtigkeitsmodellen in der Gesellschaft hin: »Gerechtigkeit ist eine, wenn nicht die fundamentale Größe im Zusammenleben der Gemeinschaft. Die Gemeinschaft muß sich daher Gedanken machen, nach welchen Prinzipien sie ihre Güter und Lasten verteilen will. Leider ließ man nach dem Zweiten Weltkrieg die Chance zum öffentlichen Diskurs darüber ungenutzt verstreichen. In der bald nach dem Krieg einsetzenden Wachstumsphase wurde zunächst einmal nach dem Prinzip verteilt: Jeder bekommt halt was vom neuen Reichtum ab!«[57]

Schnell entwickelten sich die Unterschiede in der Einkommens- und Vermögensverteilung. Jeder hatte nun zwar vom neuen Reichtum etwas abbekommen, aber der eine wesentlich mehr als der andere. Und heute merken wir, daß eine Einigung über die Verteilungsprinzipien in der Bundesrepublik nie erzielt wurde. Dies aber birgt für ein demokratisches Staatssystem in Zeiten ohne Wachstum die Gefahr von Verteilungskämpfen und der Erosion sozialer Strukturen.

Leider hält sich die Zunft der Philosophen bei dieser Debatte bislang vornehm zurück. Nicht so Pfannkuche. Er denkt gern über die

Mauern des akademischen Elfenbeinturms hinaus: »Insbesondere bei Lohnverhandlungen wäre ein klarer Begriff von Gerechtigkeit sehr wichtig«, insistiert er.

In Pfannkuches Buch »Wer verdient schon, was er verdient« hinterfragt Protagonistin Elisa Merten, eine Ostberliner Warenhausverkäuferin mit einer gehörigen Portion *common sense,* die Verteilungsprinzipien der Tarifverträge:

»Wenn die Gerechtigkeit verlangt, daß Belastungen ausgeglichen werden sollen, dann ist es weitaus plausibler und dringender, für den täglichen Stumpfsinn der mechanischen Tätigkeiten und für Arbeitsformen, die das Familienleben und die Gesundheit schädigen, eine Kompensation zu zahlen, als für solche nur vorgeschobenen Belastungen wie Ausbildung und Verantwortung. Gemessen am Ausgleichsprinzip ist die bestehende Verteilungspraxis doch geradezu absurd: Die an sich schon attraktiven Arbeiten werden auch noch gut bezahlt, und die elenden Jobs werden wie zum Hohn mit einem Almosen abgespeist.«[58]

Wie wird ungleiche Bezahlung gerechtfertigt?

Gerechtigkeit bedeutet nicht notwendigerweise, daß alle in gleichem Maße bei dem zu Verteilenden berücksichtigt werden. Daß es überhaupt Einkommensunterschiede gibt, wird ja auch von den meisten Menschen stillschweigend akzeptiert.

Bei allem Reden über Gerechtigkeit darf man zwei Aspekte nicht vernachlässigen: Begründung und Transparenz. Eine ungleiche Verteilung muß immer offen und schlüssig begründet werden, damit eine Einsicht in die Folgerichtigkeit der Entscheidung ermöglicht wird.

Entscheidungen können als gerecht empfunden werden, wenn man die Hintergründe versteht. Durch mangelnde Transparenz und die sich dadurch ergebenden Unsicherheiten kommt schnell ein Gefühl von Ungerechtigkeit auf. Manche Entscheidungen werden daher in öffentlichen Diskussionen und Verhandlungen gefällt, so z.B. bei Tarif- und Gerichtsverhandlungen.

Beim Thema Lohngerechtigkeit ist es zunächst wichtig, die häufig angeführten Kriterien für eine ungleiche Bezahlung zu untersuchen. Wir kennen vier:

1. Wer viel leistet, verdient viel

Zentrales Element einer Leistungsgesellschaft ist die Leistungsfähigkeit des einzelnen. Die Bewertung aufgrund von Leistungskriterien wirft jedoch eine notorische Frage auf: Wer leistet eigentlich wieviel? Leistet die Krankenschwester in der Nachtschicht mehr als der Umweltschützer, der Sponsorengelder für die Rettung des Regenwalds sammelt? Arbeitet der Marketingchef auf seinen Meetings und Geschäftsessen »mehr« als die Sekretärin, die währenddessen eine Vielzahl von Aufgaben und Terminen koordinieren muß?

Manchen Einkommensunterschieden ist mit dem Leistungsargument überhaupt nicht beizukommen. Beispiel Showstars: Thomas Gottschalk, Spitzenverdiener im deutschen Fernsehen auf allen Kanälen, verbucht für sich und seine Produktionsfirma jährlich zweistellige Millionengewinne.

2. Wer ein hohes Maß an Verantwortung trägt, bekommt ein hohes Gehalt

Je größer die Verantwortung für Projekte, Entscheidungen und Personal, desto höher die Bezüge. Das Problem liegt aber darin, die vielbeschworene Verantwortung eines Spitzenverdieners und die daraus abzuleitenden Konsequenzen seines Handelns eindeutig zu definieren.

Wenn ein Manager ein Projekt in den Sand setzt, worin dokumentiert sich dann seine Verantwortlichkeit, für die er angeblich so fürstlich entlohnt werden muß?

Wenn Gerechtigkeit etwas damit zu tun hat, Belastungen auszugleichen, könnte man folgendermaßen argumentieren: Viel Verantwortung wird durch hohe Bezüge entschädigt. Demnach müssen also Mitarbeiter, die sich durch eine enorme Verantwortung zu Boden gedrückt fühlen, mit Finanzmitteln wieder »fitgespritzt« werden. Doch wer Verantwortung trägt, hat in der Regel schon allein dadurch bessere Arbeitsbedingungen und einen höheren sozialen Status. Vielleicht müßten eher diejenigen entschädigt werden, die bei ihren einfachen mechanischen Arbeiten keinerlei Verantwortung übernehmen *dürfen.*[59]

3. Wer besser qualifiziert ist, wird besser bezahlt

Am unteren Ende der Lohnskala finden sich reproduktive, schematische und mechanische Tätigkeiten, die keine oder eine kurze Ausbildung erfordern und die man bereits nach kurzer Zeit aus dem »Effeff« beherrscht. Besonders qualifizierte Tätigkeiten werden höher entlohnt. Allerdings gilt auch hier: Qualifizierte Tätigkeiten sind in der Regel bereits an sich attraktiver, weil sie abwechslungsreicher und anspruchsvoller sind und eine höhere Wertschätzung in der Gesellschaft finden.

Das Problem ist so neu nicht: Bereits 1871 – mitten in der Hochzeit der englischen Industrialisierung und der gewerkschaftlichen Diskussion um die damals erbärmlichen und existenzbedrohlich niedrigen Löhne – fragte der Wirtschaftsphilosoph John Stuart Mill:

»Ist es gerecht oder ungerecht, daß in einem genossenschaftlichen Industriebetrieb die geschickteren und erfahreneren Arbeiter ein Anrecht auf bessere Bezahlung haben? ...« Er argumentiert, daß alle, die ihr Bestmögliches leisten, sich gleichermaßen verdient machen und nicht eines Mangels wegen zurückgesetzt werden sollen, an dem sie keine Schuld haben, da höhere Fähigkeiten ohnehin schon genug Vorteile verschaffen, indem sie Bewunderung erregen, zu persönlichem Einfluß verhelfen und innere Befriedigung gewähren.[60]

Eine weitere Frage lautet: Was qualifiziert eigentlich für eine gehobene Position? Durchsetzungsvermögen? Verständnis wirtschaftlicher Entwicklungen? Ein geschicktes Händchen für Leute, Markt und Macht?

Als besondere Qualifikation für hochdotierte Managerposten führt der Wirtschaftsredakteur Günter Ogger in seinem Bestseller »Nieten in Nadelstreifen« unter anderem an: kleinkarierter Egoismus, Unfähigkeit zur Teamarbeit, Opportunismus, Konformismus und Bürokratismus. Zur Psyche der Leistungsträger bringt er ein Zitat aus dem *manager magazin*: »Profitsucht ist hier kein Makel, sondern ökonomische Notwendigkeit, Gier heißt Wachstum, brennender Ehrgeiz gilt als karriereförderlicher Siegeswille. Und wenn einer es geschafft hat, werden die Nullen auf seinem Konto gezählt, nicht die Leichen auf seinem Weg.«[61]

Ist die sich hier anschließende Frage eigentlich naiv? Wieso werden ausgerechnet solche Verhaltensmuster hoch bezahlt?

4. Angebot und Nachfrage bestimmen den Preis

Diese Aussage ist fast zu einem Totschlagargument geworden. Aber trifft sie auf die tatsächlichen Verhältnisse zu? Es kann doch wirklich keine Rede davon sein, daß die Nachfrage nach Managern so groß, das Angebot aber ganz klein ist. Wenn überhaupt, existiert ein gewisser Mangel an nachweislich guten, besonders befähigten Managern. Doch auch schlechte Manager werden in vielen Fällen hoch bezahlt.

Es sind eher die Besserverdienenden, die argumentieren, die Bezahlung von Heizungsmonteuren resultiere aus einem Angebotsüberhang, oder der Unterschied zwischen dem Gehalt eines Arztes und dem einer Krankenschwester basiere auf der großen Nachfrage nach Ärzten und dem geringen Bedarf an Krankenschwestern. Da es sich genau andersherum verhält, ist die Begründung realer Einkommensunterschiede auf der Basis der Formel von Angebot und Nachfrage schlichtweg falsch.

Die meisten übertariflichen Einkommen werden nicht nach allgemeingültigen oder durchschaubaren Regeln verteilt: Wer gute Beziehungen zu seinem Vorgesetzten hat, wer es versteht, andere unter Druck zu setzen und sich selbst zu inszenieren, wer von alten Seilschaften profitiert oder im Goldfischteich mitschwimmt, wird bei der Bezahlung bevorzugt. Man könnte vermuten, daß bei der faktischen Verteilung Gerechtigkeitsüberlegungen überhaupt keine Rolle spielen.

Oft hört man, daß Manager, die für ihre Arbeit nicht hoch genug entlohnt werden (s.S. 100), eventuell unzufrieden, gar unmotiviert sind. Dann wäre das Unternehmen Opfer einer Erpressung. Man stelle sich vor, daß ein Großbetrieb mit einer entsprechenden Anzahl an Arbeitsplätzen in die roten Zahlen gerät und der Manager sich einfach demotiviert zeigt: »Zu wenig Gehalt«, rechtfertigt er sich. Die Drohung, bei gleichbleibender Bezahlung nicht motiviert zu sein, funktioniert allerdings nicht in diesen Fällen. Qualifizierte Facharbeiter beispielsweise können diese zwar vorbringen, müßten aber nicht nur mit unverständigem Kopfschütteln, sondern auch mit Sanktionen rechnen. Wir können nur von dieser Methode, auf solche Art mehr Gehalt auszuhandeln, abraten (Siehe auch »Todsünden«, S. 46).

Für die meisten Angestellten ist es selbstverständlich, daß sie auch ohne Spitzenbezüge hoch motiviert sein müssen. Manager in Spitzenpositionen aber haben die Macht und die *Connections,* sich mit solchen Drohungen durchzusetzen. »Was in dem Gefüge von Macht und Ohnmacht wirklich abläuft, ist die allgegenwärtige Erpressung einer Mehrheit durch eine gut organisierte Minderheit«, behauptet Elisa Merten, die literarische Heldin des Berliner Gerechtigkeitsphilosophen Pfannkuche.[62] Es gibt natürlich auch die Meinung, allein schon, daß Gehälter zwischen verschiedenen Kräften ausgehandelt würden, mache sie einigermaßen gerecht. Manche Verhandlungen haben aber durchaus einen erpresserischen Charakter:

Elisa Merten konstruiert folgende Situation: Ein Arzt eröffnet einem soeben Verunglückten, daß in seinen Augen leider eine Vielzahl von Splittern eingedrungen seien, die binnen kurzem zur Erblindung führen würden. Als Arzt sei er jedoch in der Lage, die Sehkraft des Patienten zu retten, fühle sich zu dieser Leistung aber nur dann motiviert, wenn der Verunglückte ihm vorher sein gesamtes Vermögen überschreibe. Falls ihm das zu teuer erscheine, stehe es ihm natürlich völlig frei, den Rest seines Lebens in Blindheit zu fristen. Würde diese Androhung unterlassener Hilfeleistung bekannt, so Elisa Merten, ginge ein Aufschrei der moralischen Entrüstung durch das Land. Man würde den Arzt für einen schamlosen Erpresser halten.[63] Anders verhält es sich bei wirtschaftlichen Spitzenkönnern – vermeintlichen oder wirklichen.

Im Grunde sind alle Argumente problematisch, mit denen erhebliche Einkommensunterschiede begründet werden. Keines erklärt zufriedenstellend, warum beispielsweise Frauen noch immer erheblich weniger verdienen als Männer, obwohl sie weder leistungsschwächer, weniger qualifiziert oder weniger verantwortungsbereit sind.

Das einkommensschwache Geschlecht

Das durchschnittliche Einkommen von Frauen in der Bundesrepublik liegt auch in der Endphase des 20. Jahrhunderts noch um ein Drittel unter dem ihrer männlichen Kollegen, so der Vorsitzende der Deutschen Angestellten Gewerkschaft, Roland Issen.[64] Die Gründe für diese Situation: Die *hard facts* bestehen aus der Unzumutbarkeit von schwerer körperlicher Arbeit, Nachtschichten (deren Verbot für Frauen das Bundesverfassungsgericht 1992 aufhob) und der Unterbrechung der Lebensarbeitszeit durch Geburten beziehungsweise Erziehungszeiten. Dadurch fehlen den Frauen Berufsjahre und auch Berufspraxis. Die Folge: Sie werden gehaltlich niedriger eingestuft.

Die *soft facts* dagegen sind recht diffus: Frauen tun sich häufig schwer, ihre Gehaltsvorstellungen durchzusetzen. Nicht selten berichten sie, das Gefühl zu haben, etwas Schlechtes zu tun, auch wenn sie nur eine angemessene Entlohnung fordern. Anderen Frauen ist es offensichtlich unangenehm, ihre eigenen Fähigkeiten und Qualifikationen in den Vordergrund zu rücken. Außerdem fehlt es vielen an ausreichendem Beharrungsvermögen und Dickköpfigkeit, jedes Jahr wegen einer Gehaltserhöhung beim Chef vorzusprechen. Ist es deswegen gerechtfertigt, daß Frauen weniger verdienen?

Mangelnde Leistungsfähigkeit kann jedenfalls nicht ins Feld geführt werden: »Denn an der Frau mit Karriereambition, so hat die Wissenschaft mit erstaunlichem Aufwand nachgewiesen, liegt es nicht, daß der Fortschritt so zäh ist: Sie ist motiviert und mobil, gut ausgebildet und verantwortungsbewußt, entscheidungsfreudig und sensibel, (...) dafür aber keinesfalls weniger arbeitsbereit.«[65]

Und auch für Führungspositionen mit hoher Mitarbeiterverantwortung sind Frauen z.B. aufgrund ihrer Sozialisation und der daraus entwickelten sozialen Kompetenz oft viel besser geeignet (vgl. dazu auch unser Buch »Die Neurosen der Chefs«, S. 206 ff.).

Definiert man nicht nur ihre Erwerbstätigkeit, sondern auch Kindererziehung und Unterstützung ihrer beruflich erfolgreichen Männer als Arbeit, so werden in den Industrieländern Frauen lediglich für ein Drittel ihrer Arbeitsstunden entlohnt. Mit der juristischen Gleichstellung im Grundgesetz ist es nicht vereinbar, daß Frauen schon rein statistisch nicht die gleichen Aussichten auf eine hochdotierte Position inklusive höherem sozialen Status haben. In den Chefetagen der deutschen Unternehmen arbeiten etwa ein Prozent Frauen im Vorstand und fünf Prozent im Aufsichtsrat; letzteres hauptsächlich in Familienunternehmen, in denen die Tochter des Gründers quasi per Erbschein in die Position gehievt wurde. Selbst Vorzeigeunternehmen wie das Warenhaus Hertie kommen bei einem Frauenanteil von insgesamt 73 Prozent lediglich auf 13 Prozent weibliche Führungskräfte. Der Computerriese IBM bringt es auf ganze fünf Prozent Managerinnen.

Eine Abteilung, die »sogar« eine Frau leiten kann, gilt als weniger bedeutend und verliert an Ansehen. Die Managementberaterin Ina Schmid-Jörg berichtet im *manager magazin* von der Abteilungsleiterin eines Handelsunternehmens, die angewiesen wurde, weniger Frauen einzustellen. Als Leiterin einer Frauenriege würde sie sich »irgendwie selbst degradieren«, so ihr Vorgesetzter. Sie sei das auch ihren Mitarbeiterinnen schuldig. Schließlich brächte sie mit so vielen Frauen auch das Gehaltsgefüge durcheinander.

In »Frauenabteilungen« stagnieren die Gehälter langfristig, und aus diesem Grund sinkt die Attraktivität des Arbeitsplatzes. Solche Problemzusammenhänge sind für eine reine »Männerabteilung« indes nicht denkbar. Ist eine Abteilung ausschließlich mit Männern besetzt, stellt das kein Problem dar, und die Rechtfertigung ist einfach: »Wir haben halt keine geeignete Bewerberin gefunden.«[66]

Ein Männerbündnis für Männerarbeit

Als die Trümmerfrauen nach dem Zweiten Weltkrieg ihre Arbeit geleistet hatten und die Häuser wieder standen, mußten sie zurück zu Küche und Kindern. Trotz 68er- und Frauenbewegung und der in der DDR relativ hohen Frauenbeschäftigung hat Deutschland heute im internationalen Vergleich die niedrigste Frauenerwerbsquote.[67]

In der Hektik der bundesdeutschen Lohnsenkungs-Diskussion (von manchen auch Lohn-*Anpassungs*-Diskussion genannt) ist die emanzipatorische Forderung nach einer gleichmäßigen Aufteilung der häuslichen und familiären Aufgaben zwischen Frau und Mann wieder in Vergessenheit geraten.

Die Präsidentin des Bundesverfassungsgerichts, Jutta Limbach, beklagt die fortbestehende soziale Ungleichheit von Männern und Frauen. Weder das Grundgesetz (»Gleichberechtigungsartikel) noch die Ergänzung von 1994, die den Staat verpflichte, die tatsächliche Durchsetzung der Gleichberechtigung zu fördern, reichten aus, um die Situation grundlegend zu ändern. Den Hauptgrund sieht Jutta Limbach in der geringen Beteiligung der Männer an der Familienarbeit. Bei denjenigen, die Erziehungsurlaub nehmen, liegt der Anteil der Männer nur bei einem Prozent.[68]

Der Beitrag des Mannes zur Kindererziehung hört in den meisten Fällen nach der Zeugung auf. »Ein reines Männerbündnis für Männerarbeit« nennt der Sozialethiker Friedhelm Hengsbach daher die Vorschläge im Zusammenhang mit dem »Bündnis für Arbeit«.[69]

Die mittlerweile alles dominierende Spardiskussion forciert den Gedanken, die ungleiche Verteilung der Kaufkraft zwischen Männern und Frauen als eine Art Naturereignis hinzunehmen. »Daß erwerbstätigen Frauen im Durchschnitt zwei Drittel des Einkommens zugestanden wird, das erwerbstätige Männer verdienen, mag zwar unmittelbar durch die vorhandenen Qualifikationen, übernommenen Arbeitsaufgaben und die Marktlage erklärt werden, aber mittelbar sind die gesellschaftlichen Rahmenbedingungen für eine solche Asymmetrie der Primärverteilung verantwortlich.«[70] Schließlich war bei Freiheit, Gleichheit und *Brüderlichkeit* auch keine Rede von den Frauen.[71]

Niedrigere Löhne, niedrigere Renten: Nur 18 Prozent der deutschen Rentnerinnen erhalten eine Rente, die deutlich oberhalb der Sozialhilfe liegt. Die Frauen stützen das Rentensystem am stärksten, profitieren aber am wenigsten davon. Die Erziehung von Kindern wird kaum honoriert, obwohl die jüngere Generation laut Generationenvertrag die Renten der Alten erarbeiten muß.

Kindererziehung allein gewährt nur eine Altersversorgung am Existenzminimum. *Die Woche* rechnet vor: 35 Kinder müßte eine Frau, die nie erwerbstätig war, zur Welt gebracht haben, um wenigstens eine Rente auf Sozialhilfeniveau zu erhalten.[72] Noch schlimmer ergeht es den Frauen, die aus Scham über ihre persönliche Armut den Weg zum Sozialamt scheuen. Gerade ältere Frauen tun sich schwer damit, ihre Rechte geltend zu machen (Stichwort Verdeckte Armut, s.S. 105).

Und noch etwas spielt eine Rolle: Wegen ihres geringeren Einkommens haben Frauen weniger Möglichkeiten, sich für ihr Alter privat abzusichern, wie z.B. durch kapitalbildende Lebensversicherungen, Immobilienbesitz (»Betongold«) oder private Rentenversicherungen.

Schlußwort: Neue Transparenz und Bezahlung nach Leistung

*Geld ist besser als Armut –
wenn auch nur aus finanziellen Gründen.*
Woody Allen

Bei den Gehältern ist einiges in Bewegung gekommen. Immer mehr Unternehmen entfernen sich von der starren Bezahlung, die automatisch, mit den Jahren der Betriebszugehörigkeit steigt, sie machen stattdessen Lohnerhöhungen von individuellen Leistungen abhängig.

Dieser Trend kommt – wie soll es anders sein – aus den USA. Hier geht man längst offener mit dem Wert der Arbeit um. In vielen Unternehmen ist es üblich, daß in den oberen Etagen jeder weiß, was der andere am Monatsende aufs Konto überwiesen bekommt. Der Grund: Die Firmenchefs legen Wert darauf, die Gehaltsstrukturen offen zu legen. Das hängt unter anderem mit einer anderen Einstellung zum Thema Geld und Besitz zusammen: »In Amerika ist man stolz auf sein Gehalt. Viel Geld zu verdienen bedeutet, daß man viel leistet. Das ist ähnlich wie bei Zahnspangen. Wenn es bei jemandem im Mund blinkt, dann ist er reich. In Deutschland bleibt der Mund dagegen zu«, sagt Nikolaus Lymberopoulos von der Personalberatung Kienbaum + Partner.[73] Die amerikanischen Unternehmenschefs gehen davon aus, daß der Vergleich den gesunden Konkurrenzkampf beflügelt. Das ist deshalb möglich, weil nicht nur Gehälter transparenter gemacht wurden, sondern auch verstärkt nach Leistung bezahlt wird.

Aber auch einige deutsche Unternehmen sind bereits auf diesen Zug aufgesprungen. So meldete beispielsweise das Handelsblatt, daß das Tarifsystem der chemischen Industrie vor einem Umbruch steht. Leistungsbezogene Vergütung wird bei der Hoechst AG in Frankfurt/Main seit 1995 praktiziert. Zunächst war es so, daß die rund 15.000 Mitarbeiter ein festes Grundgehalt plus eine persönliche Zulage erhielten, wobei das Grundgehalt sich aus tariflichem Entgelt und einem übertariflichen Anteil zusammensetzte. Mittlerweile wurden die persönliche Zulage und der übertarifliche Anteil durch eine leistungsbezogene Zulage ersetzt, deren Höhe der Vorgesetzte mit Hilfe eines Fragebogens einmal jährlich festlegt.

Michael Didion, Abteilung Führungskräfte der Hoechst AG: »Wir wollen Leistung besser belohnen und über eine höhere Motivation bisher ungenutzte Potentiale erschließen, Fähigkeiten wecken und die Wettbewerbsfähigkeit steigern.«[74]

Auch die BASF setzt auf mehr Variabilität bei den Verdiensten. Für die 6000 außertariflich bezahlten Mitarbeiter (von insgesamt 45.000) gilt seit 1997 ein neues Beurteilungssystem. Demnach vereinbart jeder Vorgesetzte mit seinem Mitarbeiter individuelle Ziele, die es bis Jahresende zu erreichen gilt. Nach der JVZ (Jährlich Variable Zahlung) kann der Vorgesetzte je nach Grad der Zielerreichung Geld verteilen – abhängig natürlich vom Unternehmenserfolg.

Aber auch in anderen Branchen setzen Unternehmen auf neue Entgeltstrukturen. Beispiele: Kekshersteller Bahlsen, Reifenbauer Continental, Autokonzern Daimler/Chrysler, die Baumarktkette Obi. Allerdings gelten diese neuen Formen der Bezahlung zunächst nur für die Führungskräfte, wobei nicht ausgeschlossen wird, es auch auf andere Mitarbeiterkreise auszudehnen. Nach dieser leistungsorientierten Bezahlung erreichen Manager nur dann ihren vollen Verdienst, wenn Umsatz, Marktanteile, Aktienkurse steigen bzw. vorher vereinbarte Ziele erreicht wurden. Die Bezahlung kann auch von der fehlerfreien Produktion, der Zahl der Innovationen oder der sinkenden Kündigungsrate abhängig gemacht werden.[75]

Selbst die in die Jahre gekommene, ehemalige Vorzeige-Lokomotive Siemens macht Dampf und will jetzt ihre Mitarbeiterinnen und Mitarbeiter über ein Leistungs- und Prämiensystem ziel- und erfolgsabhängig entlohnen. Seit mehreren Jahren wird im Konzern daran gebastelt. Veränderungen brauchen halt ihre Zeit, und alte (bürokratische) Dampflokomotiven tun sich schwer mit Neuerungen.

Ohne Transparenz – das leuchtet ein – läßt sich dieses System allerdings nicht erfolgreich praktizieren, denn sonst sind die Leistungsträger des Unternehmens nicht zu identifizieren.

Deshalb hat Softwareunternehmerin Jennifer Neumann aus Berlin schon bei Firmengründung auf Offenheit gesetzt: »Von Anfang an haben wir klare Strukturen eingezogen. Hier weiß jeder, was er auf welcher Position verdienen kann.« Selbst wenn gefragte Spezialisten sich für die Konkurrenz entscheiden, weil dort mehr gezahlt wird, bleibt die Chefin ihrem System treu: »Bei uns bekommt nur der mehr Geld, der mehr leistet oder mehr Verantwortung übernimmt.«[76]

Eine besondere Form der Bewertung hat sich die deutsche Niederlassung des US-Textil-Herstellers Gore einfallen lassen. Hier gilt es, im Personalranking möglichst weit oben zu stehen. Wer die höchsten Noten im Urteil seiner Kollegen und Chefs erzielt, hat die Nase vorn. »Diesem Ergebnis stellen wir die aktuellen Einkommen gegenüber«, beschreibt Personalchef Ulrich Loth das Vorgehen. »Wer in der Liste oben, beim Gehalt aber unten liegt, erhält einen Zuschlag.« Ist es umgekehrt, dann kommt auf den Betroffenen ein Personalgespräch zu.[77]

Nach Rolf Dahlems, Partner bei der Düsseldorfer Beratung Ward Howell, funktioniert das auf Leistung aufgebaute System nur, wenn »dem Bonus auch ein Malus gegenübersteht.«[78] Wenn bei diesem System der Mitarbeiter bei Nichterreichen der Ziele nicht mit negativen Folgen rechnen muß, sei das Ganze inkonsequent. In vielen Unternehmen bringt das neue Bezahlungssystem für die Manager nur Vorteile. Dieter von Herz, Kommunikationschef beim Reifenbauer Continental, bekennt: »Seitdem 1996 die Managergehälter an die Performance des Unternehmens gekoppelt wurden, wachsen wir zweistellig und die Gehälter entsprechend mit.« Selbst ein Umsatzeinbruch muß keinem der Führungskräfte Kopfzerbrechen breiten: »Unsere alten Grundgehälter bleiben unangetastet.«[79]

Daß nun fortan alle Unternehmen auf leistungsbezogene Zahlung umstellen, ist eher unwahrscheinlich. Viele schrecken vor soviel Offenheit zurück (siehe auch Vorwort). Dazu Kienbaum-Berater Martin von Hören: »Vorgesetzte verzichten nur ungern auf die Macht, mit Geld zu belohnen oder zu strafen.« Gerade in mittelständischen Betrieben herrsche bei der Bezahlung der oberen Etagen oft Wildwuchs. »Trotz gleicher Qualifikation und Funktion klaffen die Einkommen weit auseinander.«

Wenn in Ihrem Unternehmen (noch) nicht nach neuem System gezahlt wird oder Sie nicht zu den Kreisen gehören, auf die diese Art der Bezahlung meist noch beschränkt ist (also die Manager), so lange ist es Ihre Aufgabe, allein dafür zu sorgen, daß man auf Ihre Erfolge und besonderen Leistungen aufmerksam wird. Denken Sie daran: Aus heiterem Himmel kommt kein Chef auf die Idee, Ihr Gehalt erhöhen zu wollen. Sie müssen dafür einiges tun, das heißt, ihn überzeugen: Mit überdurchschnittlichem Einsatz und großer Motivation. Bieten Sie sich an, wenn es in der Firma Engpässe gibt, wenn man eine Vertretung benötigt, wenn es um Zusatzaufgaben geht. Bemühen Sie sich, an Weiterbildungen teilzunehmen, um zu signalisieren: Ich will dazulernen, mich weiterentwickeln. Kurz: Seien Sie präsent, sorgen Sie aber auch dafür, daß Ihr großer Einsatz bemerkt wird. Deshalb sei hier noch einmal daran erinnert, daß Sie am besten eine Art Arbeitstagebuch über Ihre Tätigkeiten, insbesondere über Zusatzaufgaben, neue Verantwortlichkeiten und ihre Ergebnisse führen. So haben Sie die schlagkräftigen Argumente für eine Gehaltsaufbesserung zur Hand.

Wir wünschen Ihnen viel Erfolg bei der Verhandlung!

Vergessen Sie aber auch nie:

**Wir sind nicht auf der Welt, um so zu sein,
wie andere uns haben wollen.**

Was Sie noch wissen sollten ...

Das Autorenteam Hesse/Schrader ist seit 15 Jahren auf dem Sektor der Bewerbungsratgeber sowie zu weiteren Themen aus der Arbeitswelt publizistisch tätig und hat im Laufe dieser Zeit mehr als 40 Bücher veröffentlicht. Viele davon liegen auch als Taschenbuchausgabe vor. Am Anfang stand die erstmalige Veröffentlichung aller gängigen sogenannter Intelligenztests und deren kritische Reflexion in dem Buch *Testtraining für Ausbildungsplatzsucher* (1985) – allein dies inzwischen mit einer Gesamtauflage von knapp einer Million Exemplare. Ebenfalls Neuland zum Bereich »Überleben in der Arbeitswelt« erschloß ihr Buch *Die Neurosen der Chefs – die seelischen Kosten der Karriere.*

Sollten Sie einen neuen Arbeitsplatz suchen ist für Sie die Reihe *Die perfekte Bewerbungsmappe* von besonderem Interesse, Bücher im DIN-A-4-Format, die Bewerbungsunterlagen erfolgreicher Kandidaten originalgetreu präsentieren. Auch die Bücher *Die überzeugende Initiativbewerbung, Das erfolgreiche Stellengesuch* sowie *Erfolgreiche Bewerbung und Stellensuche im Internet* werden Ihr individuelles Bewerbungsvorhaben innovativ unterstützen. Ein sehr erfolgreicher Titel ist das Buch *Arbeitszeugnisse.*

Zu dem in diesem Buch behandelten Themenblock Gehalt gibt es noch den folgenden Titel:

VERDIENEN SIE SOVIEL, WIE SIE VERDIENEN – von Geld, Geltung und Gerechtigkeit.

Beide Autoren verfügen über eine langjährige Erfahrung als Seminarleiter bei Bewerbungstrainings. Ihr besonderes Interesse gilt der gewerkschaftlichen Bildungsarbeit in Form von Anti-Mobbing- und Konfliktmanagement-Seminaren. 1992 gründeten sie in Berlin das *Büro für Berufsstrategie*, das ausschließlich Arbeitnehmer in allen erdenklichen beruflichen Fragen berät und unterstützt.

Anmerkungen

1 Schumacher, C./Schwarz, S.: Soviel könnten Sie verdienen. In: Focus 49/1998, S. 288 ff.
2 Krüger, W.: Die Faszination des Geldes. Begierde, Sehnsucht, Leidenschaft. München 1998, S. 9
3 Wirtschaftswoche 11/96, S. 66 ff.
4 ebd., S. 73
5 Freud, S.: Aus der Geschichte einer infantilen Neurose (1918). In: ders.: Studienausgabe, Bd. VIII, Frankfurt a.M. 1969, S. 188
6 Issing, O.: Wider die Papiergaunereien. Frankfurter Allgemeine Zeitung, 6.4. 1996
7 Hesse/Schrader: Verdienen Sie soviel, wie Sie verdienen? Frankfurt a. M. 1996, S. 19.
8 von Nell-Breuning, Oswald: zit. nach Otmar Issing, a.a.O.
9 Thomas Morus, zit. nach Otmar Issing, a.a.O.
10 Hesse/Schrader: Verdienen Sie soviel, wie Sie verdienen? Frankfurt a. M. 1996, S. 21.
11 ebd. S. 22
12 ebd. S. 22
13 ebd. S. 22
14 ebd. S. 23
15 ebd. S. 23
16 woman & work, 1998, S. 101
17 manager magazin 9/1998, S. 215
18 ebd. S. 216
19 ebd. S. 218
20 ebd. S. 222
21 ebd. S. 216
22 Winter, S.: Persönliche Mitteilung. Vgl. auch: Winter, S.: Prinzipien der Gestaltung von Managementanreizsystemen. Wiesbaden 1996
23 Der Spiegel, 51/1991, S. 30
24 v. Arnim, H.H.: Die Partei, der Abgeordnete und das Geld. München, 1996, S. 295 ff.
25 Der Tagesspiegel, 16.12.1997, S. 4
26 Der Spiegel, 38/1995, S. 30
27 v. Arnim, H.H.: Staat ohne Diener. München, 1995, S. 181
28 Der Spiegel 49/1991, S. 21
29 v. Arnim, H.H.: Staat ohne Diener, a.a.O., S. 199
30 zit. nach: Der Spiegel 37/1991, S. 112
31 v. Arnim, H.H.: Die Partei, der Abgeordnete und das Geld, München 1996, S. 206.
32 Focus, 49/1998, S. 292
33 manager magazin a.a.O., S. 214
34 manager magazin, a.a.O., S. 214
35 Tagesspiegel, 3.7.1998, S. 17
36 ebd.
37 manager magazin, a.a.O., S. 216 f.
38 ebd. S. 216
39 Tagesspiegel, 3.7.1998, S. 17
40 ebd.
41 BZ, 18.9.1998, S. 22/23
42 WSI Tarifarchiv, Stand 12/97

43 ÖTV Berlin, Stand 12/1997
44 Der Spiegel 33/1998, S. 70
45 Statistisches Bundesamt, Fachserie 16, Reihe 2,2, Stand April 1997
46 Focus, 49/1998, S. 288
47 Der Spiegel, 17/1998, S. 81
48 Tagesspiegel, 22.4.1998, S. 1
49 Frankfurter Allgemeine Zeitung, 24.4.1996, S. 17
50 Harenberg, B. (Hg.): Aktuell '97. Lexikon der Gegenwart Dortmund 1996, S. 119. Süddeutsche Zeitung, 17.7.1996, S. 1; taz 16.7.1996; Frankfurter Allgemeine Zeitung, 17.7.1996, S. 1 f.
51 Steinmann, H. & Löhr, A.: Lohngerechtigkeit. In: Gaugler, E. & Weber, W.: Handwörterbuch des Personalwesens. Stuttgart, 1992, Sp. 1284 –1294 ; hier: Sp. 1285
52 Rawls, J.: A Theory of Justice. Oxford, 1972. D..: Eine Theorie der Gerechtigkeit. Frankfurt a.M. 1994
53 Montada, Leo: Diskurse über Gerechtigkeitskonflikte. Potsdam 1995, S. 20
54 Ackermann, B. A.: Social Justice in the Liberal State. New Haven, London, 1980, Kap. 2
55 Mill, J. S.: Utilitarismus, Kap. 5.
56 Montada, Leo: Empirische Gerechtigkeitsforschung. Berlin 1995
57 Pfannkuche, Walter: Wer verdient schon, was er verdient. Hamburg, 1994, S. 20f.
58 ebd.
59 ebd.
60 Mill, J.S.: a.a.O., Kap. 5
61 Ogger, G.: Nieten in Nadelstreifen. München 1995, S. 67
62 Pfannkuche, W.: a.a.O., S. 35ff.
63 ebd., S. 37
64 Frankfurter Rundschau, 9.3.1996, S. 5
65 manager magazin 5/1993, S. 103
66 ebd. S. 106
67 Süddeutsche Zeitung, 6.-8.4.1996, S. 8
68 Tagesspiegel, 25.2.1999, S. 5
69 Süddeutsche Zeitung, a.a.O., S. 8
70 Hengsbach, F.: Mehr Beschäftigung durch eine andere Verteilung? In: Hengsbach, F. & Möhring-Hesse, M. (Hg.): Eure Armut kotzt uns an. Frankfurt a.M. 1995, S. 130
71 Raasch, S.: Kontrapunkt: Der bürgerliche Gesellschaftsvertrag – ein Männervertrag. In: Hengsbach, F. & Möhring-Hesse, M. (Hg.): Eure Armut kotzt uns an. Frankfurt a.M. 1995, S. 103
72 Die Woche, 12.6.1996, S.1
73 woman & work, 1998, S. 102
74 Handelsblatt Karriere, 31.01.1997
75 Focus, 49/98, S. 292
76 ebd. S. 294
77 ebd. S. 292
78 ebd. S. 296
79 ebd. S. 294.